U0498820

大学生创新创业

素养调查研究与实践指导

毛 杰 著

西南财经大学出版社

中国·成都

图书在版编目(CIP)数据

大学生创新创业素养调查研究与实践指导/毛杰
著.--成都:西南财经大学出版社,2025.4
ISBN 978-7-5504-6064-5

Ⅰ.①大… Ⅱ.①毛… Ⅲ.①大学生—创业—研究
Ⅳ.①G647.38

中国国家版本馆 CIP 数据核字(2024)第 029715 号

大学生创新创业素养调查研究与实践指导

DAXUESHENG CHUANGXIN CHUANGYE SUYANG DIAOCHA YANJIU YU SHIJIAN ZHIDAO

毛杰 著

策划编辑:杨婧颖
责任编辑:杨婧颖
助理编辑:陈子豪
责任校对:段佩佩
封面设计:墨创文化
责任印制:朱曼丽

出版发行	西南财经大学出版社(四川省成都市光华村街 55 号)
网 址	http://cbs.swufe.edu.cn
电子邮件	bookcj@swufe.edu.cn
邮政编码	610074
电 话	028-87353785
照 排	四川胜翔数码印务设计有限公司
印 刷	成都市火炬印务有限公司
成品尺寸	170 mm×240 mm
印 张	11.75
字 数	201 千字
版 次	2025 年 4 月第 1 版
印 次	2025 年 4 月第 1 次印刷
书 号	ISBN 978-7-5504-6064-5
定 价	78.00 元

1. 版权所有,翻印必究。

2. 如有印刷、装订等差错,可向本社营销部调换。

前言

    在 21 世纪的浩瀚知识海洋中，创新与创业如同两股强劲的浪潮，不仅深刻改变着全球经济格局，也为青年一代尤其是大学生群体带来了前所未有的发展机遇与挑战。随着科技的飞速进步、产业结构的不断优化及社会对人才多元化发展的需求，培养具有创新精神、创业意识和实践能力的大学生，已成为高等教育不可或缺的重要使命。

    当今世界，正处于一个前所未有的变革时期。信息技术、生物技术、新材料技术等领域的突破性进展，不断催生新产业、新业态、新模式，为经济社会发展注入了强大动力。同时，全球经济一体化进程的加速，使得市场竞争日益激烈，传统就业模式面临严峻挑战。在此背景下，创新创业成为推动经济增长、促进社会进步的重要引擎。大学生作为最具活力与创新潜力的群体，其创新创业能力能否提升，不仅关乎其个人职业生涯能否成功，更关乎国家创新体系能否完善和民族未来的竞争力能否提升。

    对于大学生这一充满活力和创造力的群体来说，培养创新创业素养不仅是个人成长和职业发展的关键，也是国家竞争力和社会发展活力的重要体现。为深入学习贯彻习近平总书记在中共中央政治局第十四次集体学习时的重要讲话精神，落实《中共中央 国务院关于实施就业优先战略促进高质量充分就业的意见》，优化创业服务、提升创业质量，促进高质量充分就业，人力资源社会保障部等 7 部门发布《关于健全创业支持体系提升创业质量的意见》（人社部发〔2025〕5 号）。在此之际，我们编写了这本《大学生创新创业素养调查研究与实践指导》，旨在为大学生提供一套系统的理论指导和实践方法，帮助他们在创新创业的道路上迈出坚实的步伐。

本书的核心内容和特点如下：

全面调查研究：本书基于广泛的调查研究，分析了当前大学生创新创业素养的现状、存在的问题及其影响因素。通过数据和案例的分析，本书揭示了大学生在创新意识、创业精神、实践能力等方面的表现和需求。

理论指导：书中系统介绍了创新创业的基本理论，包括创新思维、创业管理、市场分析等，为大学生提供了坚实的理论基础。同时，结合国内外最新的研究成果，对创新创业理论进行了深入的探讨和解读。

实践指导：本书不仅注重理论阐述，更强调实践指导。我们提供了一系列的实践案例和操作指南，帮助大学生将理论知识转化为实际操作技能，包括如何撰写商业计划书、如何进行市场调研、如何组建创业团队等。

技能培养：书中特别强调了创新创业过程中的关键技能培养，如团队协作能力、沟通能力、领导能力、风险评估能力等，这些都是大学生在创新创业过程中必须具备的核心能力。

政策解读：为了帮助大学生更好地利用政策资源，书中还对当前的创新创业政策进行了详细的解读，包括税收优惠、创业资金支持、创业孵化器等，为大学生的创新创业活动提供了政策支持。

本书受到 2023 年成都市社会科学院第一批院级课题出版资助，我们希望这本书能够成为大学生创新创业道路上的良师益友，帮助他们在创新创业的浪潮中乘风破浪，实现自我价值和社会价值的双重提升。同时，我们也期待这本书能够为教育工作者和政策制定者提供参考，共同推动大学生创新创业教育的发展。

最后，感谢吉利学院赵赛男、雅砻江流域水电开发有限公司张英杰、西南交通大学任继康、西南交通大学希望学院周雪娇等所有对本书做出了重要贡献的专家学者、教育工作者和实践者，他们的智慧与经验是本书最宝贵的财富。同时，我们也期待读者的反馈和建议，以便我们不断改进和完善本书。

祝愿每一位大学生都能在创新创业的道路上勇往直前，创造属于自己的辉煌。

毛杰

2025 年春

目录

第一编　研究概述

第二编 调查研究

第三编　实践指导

第一编

研究概述

第一章 研究背景、意义与目的

一、研究背景

（一）大学生进入"双创"时代

习近平总书记在给第三届中国"互联网+"大学生创新创业大赛"青年红色筑梦之旅"的大学生回信时，勉励同学们扎根中国大地了解国情民情，在创新创业中增长智慧才干，在艰苦奋斗中锤炼意志品质，在亿万人民为实现中国梦而进行的伟大奋斗中实现人生价值，用青春书写无愧于时代、无愧于历史的华彩篇章。

当前，国家层面高度重视创新驱动发展战略，将大众创业、万众创新作为推动经济结构转型和升级的重要手段。政府出台了一系列政策支持创新创业，如减税降费、提供创业担保贷款及贴息政策等，旨在激发市场活力和社会创造力。

随着中国经济进入新常态，传统的经济增长模式面临挑战，需要通过创新创业来培育新的经济增长点。大学生作为最具创新精神和创业潜力的群体，自然成为推动"双创"的重要力量。高等教育改革不断深化，高校越来越重视对学生创新精神和创业能力的培养。教育部门将创新创业教育纳入人才培养体系，鼓励学生参与实践活动，提升其创新创业能力。社会对于创新创业的认可度越来越高，创业文化逐渐形成。同时，互联网技术的快速发展为创新创业提供了更多可能，降低了创业门槛，为大学生创业提供了便利条件。随着高校毕业生数量的逐年增加，就业市场竞争加剧。创新创业成为缓解就业压力、实现高质量创业就业的重要途径。政府和高校通过各种措施鼓励和支持大学生自主创业，以创业带动就业。

纵深推进大众创业、万众创新是深入实施创新驱动发展战略的重要支撑，大学生则是大众创业、万众创新的生力军。因此，高校教师要以实际行动贯彻落实党的二十大精神，引导大学生们牢记习近平总书记的嘱托，胸怀"国之大者"，投身强国建设、民族复兴伟业。

（二）创新创业是大学生的时代使命和现实选择

2024 年，教育部公布的全国普通高校毕业生人数达到 1 179 万人，再创历年新高，就业创业工作面临复杂严峻的形势，各单位要切实抓好基层就业、服务国家、创新创业、统筹联动、服务保障五项工作。

从当前我国就业的总体形势分析，每年都号称"史上更难就业季"，近几年就业形势逐渐严峻，大家对 2024 年的大学生就业形势格外关注。根据教育部发布的最新信息，2025 年高校毕业生人数预计达到 1 222 万人，超越 2023 年的 1 158 万，高校毕业人数创历史新高，不失为"史上更难就业季"。

鉴于此，大学生创业则成为一种解决就业的迂回道路。

在大学生就业形势愈发严峻的情况下，越来越多高校学子选择了创业这条路。据麦可思研究院数据，2007 年这一数值为 1.2%，至 2014 年，该数值已翻倍增长至 2.9%。其中，餐饮行业、零售、个体服务业等行业已经成为应届本科毕业生创业最集中的行业，甚至超过了互联网创业所占的比例。报告认为，成本低是应届本科毕业生选择这些行业进行创业的重要因素，互联网背景下很多传统行业也都离不开互联网。大学生创业越来越被视为一种解决就业的迂回道路，各级政府出台了一系列相关政策鼓励大学生创新创业，力图通过高校、政府、社会三方建立有效机制，引导大学生创新，支持大学生创业实践。与此同时，各高校关于创新创业教育的具体举措和休学创业的规定也逐步得到落实。此前，清华大学通过了《清华大学研究生学籍管理规定》的修订方案，展现出其对大学生创业的支持力度和决心：研究生创业，可以停学三年。

2024 年 5 月，习近平总书记在天津考察时，勉励当代大学生志存高远、脚踏实地，转变择业观念，坚持从实际出发，勇于到基层一线和艰苦地方去，把人生的路一步步走稳走实，善于在平凡岗位上创造不平凡的业绩。同时他要求有关部门加大对高校毕业生自主创业支持力度，对就业困难毕业生进行帮扶，增强学生就业创业和职业转换能力。

2024 年 3 月，国务院总理李强作政府工作报告时表示，就业是最基本的民生，要突出就业优先导向，加强财税、金融等政策对稳就业的支持，加大促就业专项政策力度。落实和完善稳岗返还、专项贷款、就业和社保补贴等政策，加强对就业容量大的行业企业支持。李强总理表示，2024年高校毕业生预计超过1 170万人，要强化促进青年就业政策举措，优化就业创业指导服务。稳是大局和基础，各地区各部门要多出有利于稳预期、稳增长、稳市场、稳就业的政策，谨慎出台收缩性抑制性举措，清理和废止有悖于高质量发展的政策规定。

（三）鼓励大学生创新创业的政策体系不断健全

国家相继出台了《国务院办公厅关于提升大众创业万众创新示范基地带动作用进一步促改革稳就业强动能的实施意见》（国办发〔2020〕26号）、《国务院办公厅关于进一步支持大学生创新创业的指导意见》（国办发〔2021〕35号）、《国务院办公厅关于进一步做好高校毕业生等青年就业创业工作的通知》（国办发〔2022〕13号）等鼓励创新创业的政策。各省份也不断健全各自的大学生创新创业相关扶持政策。

1. 浙江省

完善创业担保贷款制度，城乡劳动者、在校大学生可申请最高50万元创业担保贷款。重点人群可享全额贴息，其他人员贴息基于贷款市场报价利率基础上减去150个基点，即LPR-150 BP，贴息期限不超3年。小微企业招用重点人群可申请最高300万元创业担保贷款。科技企业孵化器内小微企业享LPR贴息，其他企业贴息基于LPR-150 BP，贴息期限不超3年。创业担保贷款借款人遇自然灾害等困难可申请展期还款，期限不超1年，可继续享贴息，该政策执行期至2023年12月31日。重点人群初次创业满6个月可申领一次性创业补贴，标准由各地方政府确定。创办特定行业项目可申领最高10万元创业补贴。重点人群创业满1年可申领不超5 000元社保补贴；带动3人以上就业可申领就业补贴，期限不超3年。有条件的地区可给予场地租金补贴。补贴及贷款政策不适用于已有其他单位缴纳社保费的人员，首次申领补贴或申请贷款应在企业注册5年以内。

2. 广东省

落实大众创业、万众创新相关政策，深化高校创新创业教育改革，健全教育体系和培养机制，汇集优质创新创业培训资源，对高校毕业生开展针对性培训，按规定给予职业培训补贴。支持高校毕业生自主创业，按规定给予其一次性创业补贴、创业担保贷款及贴息、税费减免等政策，政府投资开发的创业载体要安排 30% 左右的场地，免费提供给高校毕业生创业者。支持高校毕业生发挥专业所长灵活就业，对毕业年度和离校 2 年内未就业的高校毕业生实现灵活就业的，按规定给予社会保险补贴。

3. 湖南省

湖南省将加大对新技术、新产业、新业态等领域的支持，特别是对高校师生创业就业的扶持力度，以培育发展一批高成长性企业。实施优质中小企业梯度培育行动计划，支持高校师生优质创业企业专精特新发展。深入实施"金芙蓉"跃升行动，加强创新资源协同和精准服务，帮助创业企业利用资本市场做强做优、提质增效。到 2025 年，湖南省力争全省新增高新技术企业 3 000 家，提升对高校科技成果的吸纳能力。湖南省鼓励支持专业机构根据高校师生初创型市场主体的发展需求，提供针对性服务，推动企业转型升级。湖南省还将开展科技成果赋智中小企业专项行动，畅通技术供需对接渠道，为企业成长提供技术支撑。

4. 江苏省

江苏省政府正在加大对创业主体的全生命周期政策扶持力度，落实各类补贴政策，如一次性创业、创业场地租金、创业带动就业、创业基地运营、创业孵化、创业项目等，对备案的江苏省大学生优秀创业项目给予最高 10 万元的一次性补助；支持重点群体创业就业税收优惠政策，以及免收管理类、登记类和证照类等行政事业性收费政策；落实富民创业担保贷款政策，为符合条件的重点群体创业提供融资支持；简化担保条件和手续，降低反担保门槛；对暂时遇到困难的借款人，可按规定申请展期还款，期限原则上不超过 1 年；推行富民创业担保贷款网上申请和审批，加强对借款人的跟踪指导服务；扩大"苏服贷""苏科贷""小微贷""苏农贷""苏质贷""巾帼科创贷""乡村振兴巾帼贷""苏创融""e 推客"等投放规模；发挥省博士后创投中心和江苏青年创业就业基金会的作用，为硬核科技、乡村创新创业项目提供直接资助、免息借款或创业贷款等形式的配套资助。

5. 陕西省

陕西省为推动经济发展和乡村振兴，提供了以下具体的支持和保障措施：资金支持，对符合条件的项目提供财政衔接补助资金，落实奖补政策；金融支持，向符合条件的返乡创业人员或企业提供 20 万元、100 万元、300 万元不等的贴息担保贷款，对农业产业提供保费补贴；税费减免，实施税收优惠政策，简化办税流程，减轻纳税人负担；用地保障，优先将旧宅基地腾退节余指标、村庄建设用地整治复垦腾退指标和村集体存量建设用地用于返乡创业生产经营；科技保障，推进科技特派员科技服务乡镇全覆盖，选派科技人员帮扶县域龙头企业、农业专业合作社和家庭农场；公共服务保障，深化户籍制度改革，保证非户籍常住人口享有教育、医疗、住房等基本公共服务。

6. 四川省

四川省提高了创业担保贷款额度，高校毕业生个人贷款额度提高至 20 万元，小微企业贷款额度提高至 300 万元；降低了贷款利率，原贫困地区和省内其余地区的贷款利率上限分别降低至 LPR+250BP 和 LPR+150BP，即在贷款市场报价利率基础上增加 250 个基点和 150 个基点；降低了担保要求，对 10 万元及以下的高校毕业生个人创业担保贷款，以及特定条件的创业项目，免除反担保要求；提高了办理效率，推广应用"四川公共就业创业服务管理信息系统"，简化了贷款程序，缩短了经办周期，提高了放贷速度。此外，四川省还利用创业担保贷款担保基金发展壮大融资性担保机构，引导金融机构落实创业担保贷款增量扩面要求，以加大对大学生就业创业的金融支持力度。

二、研究目的及意义

每个人来到这个世界，都面临着一个终身课题——人生发展。在人生发展的过程中，主要有三个舞台：事业、家庭、社会。在当今这个快速变化的时代，创新创业已经成为推动社会进步和经济发展的关键动力。大学生作为社会中最活跃、最具创新精神的群体，他们的创新创业素养不仅关系到个人的职业发展，也关系到国家未来的竞争力。

本书旨在通过广泛的调查研究，揭示当前大学生创新创业素养的现状，包括他们的知识结构、技能水平、创新意识和创业意愿等，以及他们在创新创业过程中遇到的主要问题和需求。

一是分析影响因素：通过深入分析影响大学生创新创业素养的内外部因素，包括教育背景、社会环境、政策支持等因素，以及创业意识、自我效能、创业能力等因素，为提升大学生的创新创业能力提供科学依据。

二是结合国内外最新的研究成果，构建一个系统的创新创业理论框架，为大学生提供理论指导和实践参考，并基于理论研究和实证分析，提出一系列具体的实践指导建议，帮助大学生在创新创业过程中少走弯路，提高成功率。通过这些研究和实践，可以为高等教育机构提供创新创业教育改革的参考，推动高校更好地培养适应社会发展需要的创新型人才。

在现代社会中，事业在人们生活中越来越重要，它是绝大部分人投入时间、精力最多的人生组成部分。而创业是人们追求事业成功、走向事业成功的过程，是最能激发年轻人豪情和灵感的"游戏"。创业能力具有普遍性与时代适应性，创业能力对个人职业生涯发展起着积极作用。

本书希望能以有限的写作水平，提升大学生的创新创业素养，以帮助他们更好地适应社会需求，实现个人价值和社会价值的双重提升。

本书的研究能够为高等教育机构提供创新创业教育改革的新思路，推动教育创新。本书的研究成果可以为政府相关部门制定创新创业政策提供参考，促进政策的科学性和有效性。

第二章　文献综述

一、基本概念

（一）创新、创业与创业者

1. 创业

创业由"创"和"业"组成，既可以是古代的帝王之业、霸王之业，也可以是百姓家业、家产和个人事业。所谓"创"就是创造，即创建、创立、创新之意。古代《孟子·梁惠王》有："君子创业垂统，为可继也。"诸葛亮《出师表》曰："先帝创业未半而中道崩殂。"这里所谓的"创业"是广义上的创业。关于"业"字，其含义也很多，《现代汉语成语辞典》对"业"字有如下解释：学业、业务、工作，以及专业、就业、转业、事业、财产、家业、企业等，可见"业"的内涵极为丰富。同样，"创业"的内涵也极其丰富。"创业"这个概念在汉语使用中表达的意思一般强调了三层含义：一是强调创业开端的艰辛和困难，二是突出创业过程的开拓和创新意义，三是侧重于在前人的基础上有新的成就和贡献。创业对"业"的范围没有什么限制，主要体现为一个结果。因此，可以说创业是一个过程，创业是一个主体通过主观努力而取得的新的结果。

创业一词早在二三百年前就出现在经济文献中，但是，至今理论界仍对创业的含义各执己见，还没有形成一个被普遍接受的概念。

创业被学者们从不同的方面对创业进行了定义。

一些学者认为，创业是新颖的、创新的、灵活的、有活力的、有创造性的，发现并把握机遇是创业的一个重要部分。

也有学者认为，创业是创建并经营一家新的营利性企业的过程，通过个人或一个群体投资组建公司，提供新产品或新服务，并有意识地创造价值的过程。

还有学者认为，创业是创造不同价值的过程，这种价值的创造需要投入必要的时间和付出一定的努力，承担相应的金融、心理和社会风险，并可能在金钱和个人成就感方面得到回报。

国际惯例科学学会对创业有广义上的定义，即创业是对新企业、小型企业和家庭企业的创建和经营。

综上所述，本书对创业的定义是：创业是一个过程，在这个过程中，某一个人或一个团队，使用组织力量去寻求机遇，去创造价值和谋求发展，并通过创新和特立独行来满足其愿望和需求，而不局限于企业家们现有的资源。

从创业的含义我们可以得出创业具有以下几个特点：

第一，创业就是创造的过程，创造出某种有价值的新东西。"创"就是表示要勇于打破常规，"造"就是表示在前者的基础上生产出具有现实意义的东西，比如某种产品或者服务。

第二，创业是一种创新的过程，创新与创业的概念是密不可分的。创新具有特定的经济学内涵，创新就是创造或执行一种方案，使不同行为者之间进行大量的交流，在产品或服务的各阶段进行反馈，以取得更高的经济利益和社会效益。

第三，创业是一种承担风险的过程。创业是一种商业行为，无论是经济风险、社会风险还是心理风险，都是创业的一个组成部分，承担风险是每个创业者具有的共同特征。

第四，创业是一个创造财富的过程。创业者创造出新颖的产品或服务，通过市场运作实现其潜在价值，以获得财富。

按照创业特点和内容，创业可以分为生产型创业、管理型创业、市场型创业、科技型创业和金融型创业。

（1）生产型创业。生产型创业是指通过创办企业推出产品的创业，是以生产技术为核心的创业，通常其产品科技含量较高。

（2）管理型创业。管理型创业是创业者在管理和协调中发挥自己的特长，通过各种有效的管理手段带领企业发展。

（3）市场型创业。市场型创业的一个重要特点就是创业者注重市场，善于把握市场变化。

（4）科技型创业。科技型创业多与高校和科研机构相关联，以高科技为依托创办企业。

（5）金融型创业。金融型创业者实际上是一名风险投资家，他们向企业提供的不仅仅是资金，更重要的是向其提供专业特长和管理经验。

2. 创新与创业的关系

创新是以新思维、新发明和新描述为特征的一种概念和过程，起源于阿拉伯文，它原意含有三层意思：一是更新，二是创造性的东西，三是改变。

创新是人类特有的认识能力和实践能力，是人类主观能动性的高级表现形式，是推动民族进步和社会发展的不竭动力。目前主要根据创新活动中创新对象的不同，把创新分为知识创新和技术创新。知识创新与技术创新作为人类创新活动的主要方式，他们之间存在着复杂的交互作用。知识创新是技术创新的基础，技术创新是知识创新的应用与发展。

虽然创业与创新是两个不同的概念，但却存在着本质上的契合。创新是创业的基础，而创业推动着创新。总体上说，科学技术、思想观念的创新，促进了人们物质生产和生活方式的变革，引发了新的生产生活方式，进而为整个社会不断地提供新的消费需求，这是创业活动源源不断的根本动因。另外，创业在本质上是人们的一种创新性实践活动。无论是何种性质类型的创业活动，他们都有一个共同的特征，那就是创业是主体的一种能动的、开创性的实践活动，是一种高度的自主行为。

创新是创业的本质和源泉。熊彼特认为，创新是生产要素和生产条件的一种从未有过新组合，这种新组合能够使原来的成本曲线不断更新，由此会产生超额利润或者潜在的超额利润。创新活动的这些本质内涵，体现着它与创业活动性质上的一致性和关联性。

创新的价值在于创业。从一定程度上讲，创新的价值就在于将潜在的知识、技术和市场机会转变为现实生产力，实现社会财富的增长，造福于人类社会，而实现这种转化的根本途径就是创业。

通过以上对创业和创新关系的论述，我们可以知道它们内在有着密切的关联，并且了解创业与创新的联系对解决我国目前就业问题至关重要，影响着国家发展前景。由于创新与创业的密切关系，我国高等院校的创业与创新教育应该相互渗透融合，弘扬创新创业精神，健全创新创业机制，完善创新与创业环境，加强产学研结合，加强创新创业的交叉渗透和集成融合，并且在实践中不断地结合，从而推动社会的可持续发展。

3. 创业者

创业者，顾名思义是指开创新的事业的人，他们是社会中最活跃、最积极、最有生气、最有创造力的一个群体。成功的创业者除了具有一般人才的共同特征外，还具有开创性，即不仅能继承前人的智慧与经验，而且能在此基础上进行创新。求新求异、开拓进取、不断超越是他们永恒的人生追求。

美国的杰弗里·蒂蒙斯（Jeffry A. Timmons）和郝沃德·斯蒂文森（Howard H. Stevenson）与 60 位具有创业实践经历的创业者进行了交谈，并会同学术界其他学者，按创业研究的时间顺序总结了 29 位学者关于创业者所具有的特殊品质，对创业者进行了定义。

成功的创业者大都是具有远见、行动力和权利去鼓舞群众达到目标的使命者，他们都是志存高远，具有强大的号召力和感染力的人。本书认为他们身上具有以下共同的特质：

战略家眼光。战略家眼光是指能根据事物发展规律，对事物的轨迹做出前瞻性的正确判断。

果断。果断是在冲突情境下明辨是非、做出正确抉择的能力。果断的内涵就是树立一个确定的目标，并围绕它把事物分出主次，迅速取舍，并对由此产生的结果负全责。

胸怀宽广。创业者要能容人、容事，眼中有别人，眼中有未来。创业者要坚持任人唯贤，要拥有"不拘一格降人才"的宽广胸怀，方能云集人才。海为什么能容纳百川？因为海的胸怀大，能包容。创业者只有如海似水，才能容纳百川，包容人才。创业者必须积极营造人才辈出、人尽其才的环境，充分发挥各类人才的积极性、主动性和创造性。

百折不挠。百折不挠中的"挠"是弯曲，比喻屈服，意思是无论遭受多少挫折都不动摇、不退缩、不屈服，形容意志坚强，品节刚毅，在重大原则问题上不轻易改变自己的意志。

冒险精神。冒险精神是一柄"双刃剑"，是指创业者在身处危机中采用激烈手段，就可能招致截然相反的后果。对任何一个创业者来说，刀锋绝不可能永远被藏起，事到临头必须有所决断，决断在很大程度上需要冒险精神。

创新精神。"穷则变，变则通。"任何人、任何企业，如果停滞不前，不思进取，其结果必定是机失财尽，被时代淘汰出局。只有努力发展，寻求新起点，适应事物与时代发展的特点不断创新，才能立于不败之地。

（二）创业素质

"素质"一词，原本是生理学概念，是指人先天的生理解剖特点，主要是指神经系统及感觉器官方面的特点。素质是心理活动发展的前提。各学科对素质的解释虽有所不同，但这些解释中有一点是相同的，即素质是以人的生理和心理实际作基础，以其自然属性为基本前提的。也就是说，个体生理的、心理的成熟水平的不同决定着个体素质的差异。因此，对人的素质的理解要以人的身心组织结构及其质量水平为前提。教育学上的素质强调的是一种后天素质，是一种以先天素质为基础并与先天素质融为一体的、不可分割的综合素质。

人们在对创业教育理论中创业素质的概念进行界定时，是以素质概念的界定为基点和起点的，目前主要有以下三种具有代表性的观点：一是认为创业素质是指人在后天受教育和环境影响所形成和发展的、在社会实践活动中表现出来的比较稳定的个性特征；二是认为创业素质是指在人的心理素质和社会文化素质基础上，以及环境和教育的影响下形成和发展起来的、在社会实践活动中全面、稳定地表现出来并发挥作用的身心组织的要素、结构及其质量水平；三是认为创业素质是以人的先天禀赋为基础，在环境和教育的影响下形成和发展起来的、在创业实践活动中表现出来并相对稳定地发挥作用的核心组织要素的总称。

综合以上观点，本书将创业素质定义为：创业素质是公民或某种专门人才具有的创业方面的基本品质，是以人的自然属性为基础，在环境影响和创业教育的共同作用下形成的，具有相对稳定性，并且能在创业实践活动中表现出来的有利于创业成功的基本知识和能力结构。

二、关于创业潜质的研究

创业潜质是指个体在创业活动中所展现的潜在能力和特质，这些能力和特质能够在一定程度上预测个体创业成功的可能性。根据现有文献和研究，以下是对创业潜质及其影响因素的综述。

（一）创业潜质的构成要素

专业技术和能力：成功的创业者往往具备过硬的专业技术和能力，这是他们创业成功的基础。例如，雷军在创办小米之前，已经是金山的CEO，拥有丰富的 IT 行业经验和技术背景。

创业目标和方向：创业者需要有明确的目标和方向，这对于创业成功至关重要。雷军在决定创业时，敏锐地意识到移动互联网时代的到来，果断选择了互联网行业作为其创业方向。

心理素质：创业过程中创业者可能会面临巨大的压力，因此创业者需要有过硬的心理素质。小米创办初期，雷军在面对各种质疑时，凭借坚定的信念和过硬的产品质量，成功化解了危机。

（二）影响创业潜质的因素

教育环境：教育环境对创业潜质的培养起着重要作用。高校通过提供创新创业教育，可以提升学生的创业意识和能力。

家庭背景：家庭背景和亲友影响也是影响创业潜质的重要因素。家庭是否支持和鼓励创业，以及亲友中的创业氛围的好坏，都能对个体的创业意愿产生影响。

社会网络：创业者的社会网络对创业潜质有显著影响。社会网络可以提供资源、信息和支持，有助于创业者克服创业过程中的困难。

个人特质：个人特质如成就需求、风险承担意愿等对创业行为具有重要影响。这些特质使得创业者更愿意接受挑战，承担责任，并从工作中汲取经验。

（三）具有创业潜质的大学生的性格特点

大学生的创业潜质是多种因素构成的素质系统，这种素质系统的外在表现为个性特点和具体的行为特征。个性是创业者一个十分重要的素质，可以肯定地说，人如果没有个性，就没有创造性。

个性是指个体的特质，包括了智力、性格、情绪、意志等一些重要的特征。个性又是以心理现象为特征的，它是各种心理特征和心理过程的高度统一。心理学家们在创业者的个性特征方面做了大量研究，他们认为创业者在某些方面与常人不同，这种不同可以在创业者的心理特征方面进行解释。根据心理学观点，可以确认一组表明创业倾向的心理特征，具有这些特征的个人则有可能有创业行为。

综合中外学者的研究成果，具有创业潜质的大学生的性格特点主要体现在以下几个方面：

独立性。一个具有独立性的人，他们具有独立生活、独立思考、独立研究、独立行动的特征。

求异性。求异的个性，来源于人的不断增长的需要，是人不知足本性的反映。求异性赋予人积极进取的心灵和蓬勃向上的生命力，这是一个创业者所必备的特质。对那些陈旧的东西持怀疑和批判态度，这会驱使他们去打破传统和常规，同时发现新的事物，并展望未来。

进取性。进取性是指探索未知世界的主动性。发挥主观能动性，就是主动地去发现问题、解决问题，就是主动地去寻找机会，争取创业的成功。总之，只有发挥进取性，才能发挥人的积极性，也才能激发出人的最大的创业潜能。

坚韧性。成功创业要靠坚韧不拔的精神去克服困难，当面对失败时，又要凭借顽强的毅力承受失败的打击。因此，坚韧性是创业者必不可少的品格。

冒险性。事业的范围和规模越大，能取得的成就往往就越大，但其伴随着的风险往往也越大，创业者需要承受的心理负担也就越重。所以，创业者应具备敢于行动、敢冒风险、敢于决断的魄力，并敢于承担挫折和失败。

乐观性。乐观的精神状态可以使创业者始终怀有希望，即使在困难面前也能积极主动地寻求解决的办法，同时他的情绪会感染和激励他人，使整个创业团队永葆斗志。

艰苦奋斗。创业本身就是一个长期的、艰难的过程，创业者艰苦奋斗、勤俭节约的品质是很重要的，它可以让创业者面对所处的环境做出正确的判断。

自信心。人若失去了自信心，什么事也不可能获得成功。对事业有信心是一个人创业的精神力量，而且这份信心应该是建立在科学调查、科学分析基础上的自信心。

有恒心。创业者对于创业的各方面的事情，一开始都要自己亲自去做，但由于缺乏经验和受外界的干扰，肯定会面临各种困难。面对困难，有的人缺乏恒心，振作不起来，往往会半途而废。这是缺乏心理准备或心理品质不够优良的表现。

诚实。诚实是做人的基本原则，也是创业过程中不可缺少的心理品质。试想一个狡诈的人，怎能取得雇员的信任和受到客户的欢迎呢？因此，要想创业成功，必须首先学会做人，要有以诚待人的良好心理品质，努力营造一个和谐的创业氛围，才能起到事半功倍的效果。

决断性。决断性是指人在选取目标、做出决定和执行决定过程中能够迅速和坚定地进行决断的能力。一个具有决断性意志品质的人，不仅在个人执行决定的正常活动中善于观察事物的发展变化，去伪存真，明辨是非，迅速而坚决地做出决定，而且能根据情况的变化和社会需要，立即停止或改变已执行的决定，毫不犹豫地做出新的决定。

控制欲。控制欲是指人们掌控自己人生的程度。研究表明，创业者往往有着较强的控制欲，他们趋于自我依赖、独立和自治。控制欲强的人拥有创业精神的三个特征：自信、创造性和责任感。一些研究发现，希望创业和不希望创业的学生的控制欲有很大差异。有研究已经用实验证明了控制欲强的人更有可能成为成功的创业者。

脚踏实地。做事实在，不会为了使自己舒服一点而马虎做事。创业是一个曲折的过程，其中的每一个步骤都需要认真对待，任何一个疏忽都可能造成后患。因此需要创业者从一开始就要有脚踏实地的精神。

乐于社交。卡耐基说过：一个人的成功，15%靠他的专业技术，而85%要人际关系和他为人处世的能力。对于创业者而言，创业过程就是与周围环境动态交流的过程，因此创业者必须建立起各方面的社会关系。

（四）创业潜质的培养和提升途径

教育和培训：通过参与创新创业教育和培训，个体可以提升自己的创业知识和技能水平，增强创业潜质。

实践经验：参与创业实践，如实习、项目合作等，可以增加个体的创业经验，提升其应对创业挑战的能力。

心理辅导：心理辅导和培训可以帮助创业者提升心理素质，使其能更好地应对创业过程中的压力和挑战。

三、关于创业意识的研究

（一）创业意识的内涵

大学生创业意识是其创业行为的先导和动力，是创业能力的重要体现。在当前经济全球化和国内就业形势严峻的背景下，大学生创业意识的培养显得尤为重要。创业意识是指在创业实践活动中对创业者起动力作用的个性意识倾向。创业意识是人们从事创业活动的出发点与内驱力，是创业思维和创业行为的前提。创业意识是创业的先导，它构成创业者的创业动力，它由创业需要、动机、意志、志愿、抱负、信念、价值观、世界观等因素组成，是人进行创业活动的能动性源泉，激励着人以某种方式进行活动，向自己提出的目标前进，并力图实现它。创业意识的本质是一种积极进取的意识、奋发向上的精神。创业意识集中体现了创业本质中的社会性质，它支配着创业者对创业的态度和行为，并影响着创业者的态度和行为方向，具有较强的选择性和能动性，是人们从事创业活动的强大的内驱力。个人要想开创和成就一番事业，就应该具有强烈的创业意识。一个具有强烈创业意识的人，才会在社会千千万万的行业中，在不断变化的形势下寻找自己的事业；才会不断学习，不断追求，不断创新；才会对平凡的事情产生浓厚的兴趣，并且在其中做出成就；才会在困难面前无所畏惧，勇往直前。

创业意识通常被定义为创业活动中对人起动力作用的个性心理倾向，主要包括创业需要、创业动机、创业兴趣、创业信仰和创业世界观等心理因素。

（二）影响创业意识的因素

影响大学生创业意识的因素可以分为外部影响因素、创业者个人背景、创业者的心理行为特征。外部影响因素包括社会文化、制度环境、社会资本等；个人背景包括家庭环境、教育经历等；心理行为特征包括个体的成就动机、风险承担倾向、自我效能感等。比如，创业教育对大学生创业意识的培养具有重要作用。研究表明，创业教育能够增强学生的创业意向和促进创业行为，但具体效果受到教育内容、教学方法、实践机会等多种因素的影响。社会文化对创业意识也有显著影响，不同的社会文化背景也会影响不同的创业意识水平。例如，一些研究比较了不同国家之间的创业意识差异，发现文化维度对创业意识有显著影响。

部分学者使用社会学习理论和计划行为理论（TPB）分析了这种影响。社会学习理论被用来分析大学生的创业行为，这种理论认为，大学生通过观察身边的创业者和参与创业活动，能够增强自己的创业意识和技能。计划行为理论被用来研究大学生的创业意向，该理论认为个体的意向是其行为的直接预测因素，而意向又受到态度、主观规范和知觉行为控制的影响。研究表明，大学生的创业意识与创业意向显著相关，尤其是知觉行为控制对创业意向的影响最为显著。

（三）创业者应具有的八种现代创业意识

如今是信息经济时代，时代要求每一个创业者必须具备和培养现代创业品格和意识。因此，创业者应该具备以下现代创业意识。

1. 创业主体意识

创业的主体意识、主体地位、主体观念，会成为创业者在风口浪尖上拼搏的巨大力量。这种力量会鼓舞他们抓住机遇、迎战风险，拼命地去实现自身的价值，同时也会使他们承受更多的压力、面临更多的困难。

2. 风险经营意识

风险经营意识是中国企业在与国际接轨时应着重增强的一种现代经营意识，也是创业企业和创业者急需培养和增强的一种创业意识。创业是充满风险的，创业者要从害怕风险、不敢迈步中解放出来，敢于去市场经济的大潮中劈风斩浪，并要善于规避和化解风险。

3. 知识更新意识

创业者只有随时注意更新知识，才能适应和满足繁重的创业需求。

4. 资源整合意识

整合理念是现代营销学中的崭新理念。任何一个创业者不可能把创业中所涉及的问题都解决好，也不可能把一切创业资源都备足，因此资源整合在创业设计中起着重要作用，是在创业中借势发展、巧用资源、优势互补、实现双赢的重要方法。

5. 创业战略策划意识

策划是一种智力引进，是一种思维的科学。它是用辩证的、动态的、发散的思维来整合行为主体的各种资源和行动，使其效益或效果最大化的一个智力集聚的过程。大到企业发展战略，小到一句广告语，都要经过策划。因此，从本质上讲，策划就是对每一个具体事件和行动进行战略设计的过程，也是对其进行战略思索的过程。

6. 信息资源开发意识

信息是资源，是财富。但是，很多的创业者不懂得信息的价值和信息资源的重要性，不会寻找和利用信息资源，更不懂得去开发信息资源的价值。正如一个创业者所讲：刚创业时，我不懂得摸信息，找商机。每天累得腰酸腿疼，还不挣钱。

7. 寻找和抓住创收点的意识

创业者创业的其中一个目的就是获利，但是，相当多的人却不知道怎么去获利。这一点突出表现为创业者在经营中抓不住创收点。创收点是企业的获利点，现代商业中知识的和科技的含量越来越高，已经成为重要的获利点。创业者一定要意识到：商机是商业模式设计的着眼点，创收是经营运作的落脚点。好的创业模式都必须能够最大限度地创造商业价值。

8. 挑选和优化环境意识

创业环境是重要的创业元素，也是创业企业快速崛起的重要支撑。一个优越的创业环境，对于创业企业的快速发展和崛起具有十分重要的意义和作用。

随着对大学生创业意识研究的深入，越来越多的研究开始采用跨学科的研究方法，结合教育学、心理学、社会学等多个学科的理论和方法，以期更全面地探究大学生创业意识的形成和发展机制。

综上所述，大学生创业意识的研究涉及多个层面和多种因素，需要综合考虑个体、环境和社会等多个维度对其的影响。通过这些研究，可以为高校创业教育的开展和创业支持政策的制定提供科学依据。

四、关于创业精神的研究

大学生创业精神是推动社会经济发展和个人职业成长的重要动力。创业精神是一个多维度、多层次的概念，涉及哲学、心理学、行为学等多个领域。

创业精神具有高度的综合性、三维整体性、超越历史的先进性和鲜明的时代特征。首先，创业精神是由多种精神特质综合作用而成的，包括创新精神、拼搏精神、进取精神、合作精神等。其次，创业精神的形成和展现是一个多维度的过程，涵盖了哲学层次的创业思想和观念、心理学层次的创业个性和意志、行为学层次的创业作风和品质。再次，创业精神具有超越历史的先进性，体现为开创前无古人的事业，勇于探索未知领域。最后，创业精神具有鲜明的时代特征，不同时代的社会环境和经济条件赋予了创业精神不同的内涵和价值。

创业精神通常被视为个体在市场中利用新手段、新观念、新思想、新实践模式创造新价值时表现出的敢为人先、追求卓越、刻苦钻研、团结协作的精神。新时代大学生创业精神的内涵包括创新意识、职业操守、社会责任感、创业成功率、创业意志、职业情怀等多个维度，并与企业家精神有所区别和联系。

创业精神的影响因素主要有以下几种。一是个人因素，个人的性格特质、价值观、教育背景、经验积累等都会对创业精神产生深远影响。例如，具有积极乐观心态、敢于冒险、勇于挑战的人更容易形成创业精神，而良好的教育背景和丰富的实践经验则能够为个体提供必要的知识和技能支持。二是社会环境因素，如政策环境、市场环境、文化环境等因素都会对创业精神的激发和培育产生重要影响。政府的创业扶持政策、完善的创业服务体系、积极向上的创业文化等都能够为创业者提供有力的支持和保障。三是教育因素，高校作为培养高素质人才的重要基地，应当将创业教育纳入人才培养体系之中，通过开设创业课程、举办创业竞赛、提供创业指导等方式，培养学生的创业意识、创业素质和创业能力。

关于创业精神的作用方面，部分学者认为，首先，创业精神能够激发个人追逐梦想的勇气和决心，帮助个人培养创新思维、关注发展机会的能力以及解决问题的能力。在创业过程中，创业者需要面对各种风险和挑战，通过不断学习和成长，他们能够提高自己的专业素养和领导能力。其次，创业者通常会经历从无到有的过程，他们通过自己的努力，创造出了一份带有自己独特风格的事业。这种过程不仅能够带来经济回报，更能够给个人带来满足感和成就感，提升自我价值感。

随着对大学生创业精神研究的深入，越来越多的学者开始采用跨学科的方法，结合教育学、心理学、社会学等多个学科的理论，以期更全面地探究大学生创业精神的形成和发展机制。实证研究表明，大学生普遍缺乏创业精神，其创业精神还有很大的提升空间。其中，创新精神、市场开拓精神、冒险精神、团队合作精神、工匠精神、诚信守法精神等方面都需要进一步培养和提升。

综上所述，大学生创业精神的研究涉及多个层面和多种因素，需要综合考虑个体、环境和社会等多个维度的影响。上述研究可以为高校创业教育的开展和创业支持政策的制定提供科学依据。

五、关于创业能力的研究

大学生创业能力是多维度、多层面的概念，涉及个体因素、教育背景、社会环境等多个方面。研究者们普遍认为，大学生创业能力包括创新意识、创新思维、创新能力、创新行为等多个方面。这些能力涵盖了跨学科知识、团队协作能力、市场洞察力等，是大学生在创新创业中脱颖而出的关键因素。研究表明，大学生创业能力受到个体因素（如性格特征、学习动机、创业意愿等）、家庭因素、学校因素（如教育质量、资源支持等）、社会环境因素（如经济形势、政策支持等）的影响。这些因素共同作用于大学生，影响着其创业能力的形成和发展。

创业教育是提升大学生创业能力的重要途径。创业教育可以增强大学生的创新精神、创业意识和创业能力。教育部门和高校在推进创业教育方面发挥着关键作用，通过课程设置、实践活动、竞赛项目等方式，培养大学生创业知识和技能。

随着对大学生创业能力研究的深入，跨学科研究成为趋势。结合教育学、心理学、社会学等多个学科的理论和方法，我们可以更全面地了解大学生创业能力的形成和发展机制。例如，社会学习理论在解释大学生创业行为时提供了新的视角，强调了个体学习过程中的观察、模仿和实践的重要性。实证研究表明，大学生的创业能力存在显著的性别、学科、年级、学业基础和社团经历差异。研究还发现，大学生参与社团时间越长，大学生的创新创业能力越强，但存在参与社团时间越长，其能力增值空间越小的现象。

为了科学评价大学生的创业能力，研究者们开发了多种测量工具。这些工具可以帮助高校和教育机构评估创业教育的效果，为创业教育提供科学指导。例如，王洪才教授团队在自我发展理论基础上创建的大学生创新创业能力结构模型，为评价大学生创业能力提供了新的视角和工具。

综上所述，大学生创业能力的研究是一个多维度、跨学科的领域，涉及个体、教育、社会等多个层面。通过这些研究，可以为大学生创业能力的培养提供科学依据和实践指导。

第二编

调查研究

第三章　关于当前青年大学生群体创业就业的风险分析

近年来，我国青年人口总量稳中有增，高校毕业生人数持续增加，2023届还有部分离校毕业生未落实工作，而2024届毕业生已逐渐进入就业市场。面临竞争激烈的就业市场，在青年大学生群体就业难、就业不稳定、失业风险长期高位运行的背景下，稳定和扩大青年大学生群体就业，既是保障和改善民生的关键所在，也是巩固经济恢复发展基础的重要支撑。

一、当前青年大学生群体创业就业现状

一是青年群体失业率高且呈现上升趋势。2018—2023年，城镇青年（16~24岁）调查失业率逐年升高。2018年调查失业率为10.8%，2020年猛增至14.2%，2023年6月达到21.3%。为更清晰地分析青年就业现状，2023年12月起，国家统计局开始公布分年龄组失业率数据，数据显示，2023年12月、2024年1月、2024年2月，全国城镇不包含在校生的16~24岁劳动力失业率分别为14.9%、14.6%和15.3%，全国城镇不包含在校生的25~29岁劳动力失业率分别为6.1%、6.2%和6.4%。

从其年龄构成分析，2022年全年，青年失业率平均值是我国整体失业率的3.15倍，2023年一季度这一数据增至3.75倍，差距快速拉大，其中，大学生失业率是青年整体失业率的1.4倍，是青年失业人口的主体，其失业率在28%左右。

二是不同年龄、户籍群体就业心理差异逐步增大。近年来，面对岗位急剧减少、搜寻成本增加、薪资待遇下降、大量专业不对口就业、毕业生

求职遇冷等长、短期挑战，青年就业观念和意向发生转变，青年群体就业心理抗拒因素增多，主观性失业现象严重，守成心态蔓延。按户籍分类分析，城镇本地户籍劳动力较城镇外地劳动力失业率普遍高 0.5~0.7 个百分点。

三是青年群体创业就业敏感性、脆弱性特征凸显。青年群体就业对经济形势敏感度较高，青年群体就业压力仍处高位，虽有所缓解，但缓解速度慢于经济恢复速度。2021 年以来，作为解决就业主力的服务业岗位急剧收缩，失业后的青年群体在第一产业、第二产业中难以寻找到能够从事的岗位，对第三产业快速变化认识不足，同时青年技术人员对"35 岁危机"的焦虑程度增高。

四是次稳定状态被打破，就业"疤痕效应"加深。近年来，创业、慢就业、不就业、灵活就业等过渡状态无法持续，长期找不到工作的青年可能出现极端心态，同时灵活就业时间过长也难以回归常规就业状态。

总体来看，当前创业、就业总量压力和结构性问题仍不容忽视，"求职难"和"招工难"并存，青年失业率处于高位，叠加"35 岁危机"焦虑，青年人就业压力依然较大，18~35 岁青年群体的就业风险因素持续增多，应尽可能分析、消除不利就业的因素，促进青年群体稳定和扩大就业。

二、青年大学生群体创业就业周期内的五大风险

本书课题组以成都青年群体创新创业为主题，进行了 8 年的研究，并在 2023 年 5 月又进行了成都社科青年人才就业风险专项调查研究。2024 年 3 月，本书课题组对前期追踪的 150 人展开回访，初步确认了 18~35 周岁青年群体的主要创业就业风险问题。主要包括欺诈性就业风险、青年劳动力市场错配风险、"四无"状态交叠内卷化的淘汰风险、青年规模性裸辞风险和未就业的青年人风险五大类。下文就上述风险——进行阐述。

（一）欺诈性就业风险

以就业为名的骗费及被骗入传销的风险属于欺诈性就业风险。这是青年群体在求职过程中可能面临的严重风险之一。

不法分子或非法机构利用虚假的招聘信息，吸引求职者前来应聘。他

们通常会以各种名义收取费用，如培训费、押金、材料费等，而这些费用往往高昂且无法退还。求职者交费后，发现所谓的工作岗位并不存在，或者工作环境和条件与招聘信息严重不符。

传销组织则常伪装成正规企业或以提供高薪工作的名义，诱骗青年求职者加入。新人会被要求缴纳高额的入门费或购买所谓的"产品"，并且需要通过发展下线来赚取佣金，形成事实性传销。一些短视频平台中，存在所谓"校园创业"的视频账号，组织者通过分享所谓的"商机"来吸引求职人员，要求其以购买商品等方式付费加盟，实则要求其不断发展下线，收取费用，牟取非法利益。

（二）青年劳动力市场错配风险

青年劳动力市场错配风险是指青年群体在职业规划时因信息不对称或缺乏科学、合理的分析和决策，导致其所选择的职业与自身兴趣、能力、市场需求等不匹配，进而影响其职业发展和工作满意度。主要体现在如下几个方面：

一是盲目跟风。受市场和行业信息不对称的影响，一部分青年可能盲目选择热门行业和职业，而不考虑自身的实际情况和职业的长期发展潜力。例如，看到互联网行业的高薪，很多人可能蜂拥而至，而不考虑自己是否具备相关的技术能力和兴趣。还有一部分青年偏执追求事业单位、国企等稳定岗位或者执意想成为相对低薪但体面的办公室白领，但如果这些岗位需求与自身实际能力不符，也对个人长期发展不利。本书课题组调研发现，来自本科院校的70位已就业两至三年的受访对象，平均每半年换一次工作，未能有效积累人力资本。

二是缺乏自我认识。青年群体在选择职业时，可能对自己的兴趣、优势、能力和性格缺乏深入了解，导致选择了不适合自己的职业。例如，一个内向的人若选择了需要频繁社交的销售岗位，可能会感到不适。

三是零工经济、直播带货等"吃不到""吃不下""吃不好"，也不能"稳定吃"的短期饭、青春饭、拼命饭带给青年就业群体的潜在风险，部分红利集中爆发的行业会令大量稳定就业的青年产生心理波动，这可能会使其面临长期就业受阻风险。

（三）"四无"状态交叠内卷化的淘汰风险

一是青年创业就业群体在大学课堂中学习的知识与企业所需知识差距

较大，缺少工作相关知识储备，实习经历较少，职场能力和常识匮乏，对所从事的工作基本没有兴趣，反感当前职场文化，也不愿意在初期低收入条件下"干中学""学中干"，以"整顿职场"为噱头不接受管理、反对企业规章。在知识、能力、兴趣、投入四个方面均存在不足的情况，这类青年岗位适配程度持续降低，可能面临解聘风险。

二是企业深处"无资无利无业无岗"状态，即投资难济、利润下降、业务锐减、岗位裁撤的沼泽，同时对青年就业者形成经验型和技术型两端挤压。一方面，随着经济发展的不确定性增加和技术进步的加速，大量行业面临变革，正加快利用技术进步替代人工进程，许多传统职位正在消失或被自动化取代。另一方面，企业重要岗位更愿意雇佣有经验、成熟稳定、能够立即产生价值的员工，以减少用工风险，青年群体通常没有相关人脉、经验来满足企业的要求。在内卷加剧状态下，青年群体的"四不足"状态和企业"四无"窘境将使得青年就业群体长期面临淘汰风险。

（四）青年规模性裸辞风险

近年来，青年规模性裸辞现象引起了社会广泛关注。这种行为虽然体现了青年一定的独立性和勇气，但也伴随着不少风险和挑战。青年裸辞可能面临的主要风险具体体现在以下几个方面：

一是经济风险。裸辞意味着没有下一个工作机会的保障，会失去稳定的收入来源。尤其是对于那些没有足够储蓄或者家庭支持的年轻人来说，裸辞可能会带来一定的经济压力，这不利于社会稳定。

二是心理健康风险。失业期间的经济不稳定性和未来的不确定性可能会使失业青年心理压力增大并变得焦虑，影响其个人的心理健康。近年来青年人心理健康问题日益突出。患抑郁症和焦虑症的青年人数比例逐年上升，很多青年人面临失眠或其他睡眠障碍。

三是社会风险。失去工作后，青年人的养老保险、医疗保险等社会保障可能会受到影响。如果在裸辞期间患病，可能难以负担必要的医疗费用，从而对青年人的身心造成不利影响。

四是职业发展风险。青年人辞职期间无法积累工作经验和技能，这可能会影响其职业发展和个人成长。并且当前绝大部分雇主对存在职业空窗期的求职者持怀疑态度。如果裸辞导致青年人存在长时期的职业空窗期，该类青年人则可能在未来的求职过程中被潜在的雇主质疑，从而对其职业发展造成不利影响。

（五）未就业的青年人风险

未就业的青年人面临一系列风险，这些风险可能影响他们的生活和未来发展。主要体现在以下几个方面：

一是经济风险。未就业的青年人往往缺乏稳定的收入来源。这可能会给他们带来经济上的困难，包括支付日常费用、负担教育费用或医疗费用等。

二是心理健康风险。长期的失业可能导致青年人产生心理压力、焦虑或抑郁等心理健康问题。缺乏目标和成就感也可能影响他们的自尊心和自信心。

三是社会风险。失业可能导致青年人产生社会隔离感和孤独感，因为他们可能会感觉与周围社会脱节。并且失业青年人可能走上犯罪道路，从而对社会稳定和环境安全造成威胁。

四是职业发展风险：长期失业可能导致青年人就业技能退化或过时，从而使其难以重新进入工作市场，影响他们在社会中的地位和角色。

三、主要对策和建议

（一）提高高校教学和创业就业服务水平、质量

一是必须严格把控高校专业和职业教育质量，努力提高学校的教育教学美誉度。高校应在先进制造业和现代服务业深度融合的背景下，密切关注社会对人才的需求变动，及时调整本校的学科专业结构，缓解人才输出与社会需求错位的问题。二是重视高校对学生的就业指导工作，增强学生求职安全意识和法律意识，发挥校园的平台作用，为毕业生提供更为精准的就业指导和更加准确的招聘信息，以大数据助推服务指导智能化。

（二）推动现代化产业体系与人力资源协调发展

一是围绕新质生产力发展方向，在电子集成、半导体等产业着力培育新劳动者力，深入推进技能培训，大力推进技工教育高质量特色发展，大规模开展面向企业职工、重点群体的专项培训。二是加快优化营商环境，大力支持发展吸纳就业能力强的产业和企业，强化政策激励经营主体吸纳

就业，进一步拓展数字经济、绿色经济、新型消费等领域的知识型、管理型、技能型就业机会。三是在全面推进乡村振兴、超大城市城乡高质量发展中挖掘新的就业增长点。

（三）从全社会层面加强观念引领，优化服务供给

一是注重将尊重意愿与加强引导紧密结合，深入研判当前青年群体择业、就业观念及心态，对自主创业、灵活就业的青年，提供项目推荐、场地支持、金融服务等一揽子政策支持，完善促进灵活就业的激励政策和安全保障措施。同时，加强政策激励，引导支持广大青年更好选择职业和工作岗位。

二是注重将普遍服务与精准施策紧密结合，提高高校、社区、人力资源服务市场等公共就业服务均衡可及水平，增强已就业导向的公共租赁等社会保障服务，健全就业公共服务体系，让高校毕业生等青年无论在户籍地、学籍地、求职地，无论是离校前后，都可以享受到均等便捷的基本公共服务。

三是注重将数字赋能与基层治理紧密结合，充分把握青年特点，针对青年群体主要就业风险，通过数字赋能改进服务手段，集中整合、及时更新就业信息和劳动关系法律援助信息，以他们喜闻乐见的方式提供更多正规化、便捷化的线上服务，净化网络空间，严厉打击非法违规中介，并同步优化线下服务形式，健全主动联系、按需服务、定期回访机制，以期更好地促进青年稳定就业。

第四章 关于创业潜质、创业意识和创业精神的初步调查

一、调查概括和数据说明

调查小组对四川省部分高校的大学生进行了问卷调查，回收有效问卷共 315 份。调查小组对受访者背景信息分布情况进行了统计（见表 4-1）。其中，男性有 139 人，占比 44.13%；女性有 176 人，占比 55.87%。大一 30 人，占比 9.52%；大二 37 人，占比 11.75%；大三 129 人，占比 40.95%；大四 119 人，占比 37.78%。学生干部 176 人，占比 55.87%；非学生干部 139 人，占比 44.13%。

表 4-1 受访者背景信息分布

指标	选项	数量/人	所占百分比/%
性别	男	139	44.13
	女	176	55.87
年级	大一	30	9.52
	大二	37	11.75
	大三	129	40.95
	大四及以上	119	37.78
是否担任学生干部	是	176	55.87
	否	139	44.13

二、创新创业意愿分析

调查问卷共设计 12 道题，以分析大学生的创新创业意愿（见表 4-2）。

表 4-2　受访者创新创业意愿调查情况

题号	平均得分	完全不符合	非常不符合	较不符合	一般符合	较符合	非常符合	完全符合
Q1	2.07	53.65%	14.29%	14.60%	6.35%	11.11%	0.00%	0.00%
Q2	4.46	1.57%	5.08%	6.67%	39.37%	32.70%	9.21%	5.40%
Q3	4.54	1.27%	3.81%	7.61%	38.10%	31.75%	10.79%	6.67%
Q4	4.56	0.63%	5.08%	7.30%	36.83%	32.06%	11.43%	6.67%
Q5	4.55	1.59%	4.75%	6.67%	36.51%	33.02%	9.52%	7.94%
Q6	4.83	0.63%	2.22%	4.76%	30.48%	36.83%	17.78%	7.30%
Q7	4.66	0.63%	2.22%	7.94%	34.92%	34.92%	12.70%	6.67%
Q8	4.56	0.95%	4.76%	6.35%	40.00%	27.30%	14.29%	6.35%
Q9	4.75	1.27%	3.81%	4.76%	32.70%	32.06%	17.14%	8.26%
Q10	4.62	1.27%	3.49%	5.71%	39.37%	28.89%	14.29%	6.98%
Q11	4.63	0.95%	5.72%	2.86%	39.68%	28.57%	15.24%	6.98%
Q12	4.49	3.81%	4.76%	6.98%	35.56%	28.25%	13.33%	7.31%

分析结果如下：

题目 1：创业符合大学生的兴趣。该项平均得分 2.07 分，53.65% 的同学认为"完全不符合"，仅有 11.11% 的同学认为"较符合"，说明受访同学中，创业对他们没有很大的吸引力。造成这一现象的原因是新冠疫情期间，很多高校学生没有正常入学，具有实践指导意义的创新创业课程没有正常线下开展，因此学生不能进行实践，也不能与志同道合的同学合作交流。此外，各中小企业为了维持生产、减少成本，也在变相裁员、减少用工。在此大环境下高校学生更愿意选择考公等更稳定的工作而非创业，因此创业没有引起学生的兴趣。

题目 2：大学生拥有创业的热情。该项平均得分 4.46 分，39.37% 的同学认为"一般符合"，41.91% 的同学认为"较符合"或"非常符合"，仅有 1.57% 的同学认为"完全不符合"。这表明受访同学对于创业抱有很大的热情。首先,创业代表着自主性和自由度,这对于追求个人成就和发展的大学生而言非常具有吸引力。其次,创业提供了大学生实现梦想和追求价值的机会。最后,创业还可以带来经济回报。许多大学生希望通过创业来改变自己和家人的生活水平,并为自己的未来打下坚实的基础。

题目 3:大学生未来想创建自己的公司。该项平均得分 4.54 分,38.10% 的同学认为"一般符合",49.21% 的同学认为"较符合"或"非常符合"或者"完全符合",仅有 1.27% 的同学认为"完全不符合"。说明受访同学中,大多数同学认为自己未来会创办自己的公司。创办自己的公司是实现个人梦想和追求的途径之一,通过创办公司,大学生可以掌握自己的命运,实现个人价值、成就,以及财务自由等目标,甚至能给其他就业者创造就业机会,以推动经济发展。

题目 4:大学生了解创新创业知识。该项平均得分 4.56 分,36.83% 的同学认为"一般符合",50.16% 的同学认为"较符合"或"非常符合"或者"完全符合",仅有 0.63% 的同学认为"完全符合"。说明受访同学中,大多数同学对创新创业的知识有一定的了解。对于创业者来讲,知识是基础,无论是从事什么行业,除了必要的资金之外,还需要具有一定的商业知识,才能在残酷的商业竞争中脱颖而出,并在瞬息万变的商业社会中掌握更多的主动权。

题目 5:大学生现在开始创业具有一定难度。该项平均得分 4.55 分,36.51% 的同学认为"一般符合",50.48% 的同学认为"较符合"或"非常符合"或者"完全符合",仅有 1.59% 的同学认为"完全不符合"。说明大部分的同学认为创业是非常有难度的。大学生认为创业难的原因主要包括社会资源不够、资金不足、风险大等。社会资源不足,如在创业初期,创业人手少,分工不均,可能会要求创业者担任多个角色。资金不足,如在创业初期,由于学生的盲目开支、不清楚项目的主要产品,无目的地购买不相关产品,从而导致产品积压、资金短缺等。风险大,如启动资金不足,需要承担贷款的风险等。

题目 6:大学生认为现在开始创业就能成功。该项平均得分 4.83 分,36.83% 的同学认为"较符合",25.08% 的同学认为"非常符合"或者"完全符合",仅有 0.63% 的同学认为"完全不符合"。这说明同学们认为自己创业成功的概率非常大。大学生的脑力劳动能创造很大的财富，他们能把知识运用到实际；大学生年轻且有激情，不怕失败；大学生在创业时有一定的人脉资源，可以借鉴师兄师姐的创业成功经验。

题目7：大学生现在开始创业感受到超负荷。该项平均得分 4.66 分，34.92%的同学认为"一般符合"，54.29%的同学认为"较符合"或"非常符合"或者"完全符合"，仅有 0.63%的同学认为"完全不符合"。这说明同学们认为创业是会让人感到超负荷的。大学生在创业时，感到超负荷的原因包含工作时间过长、影响学业、资金短缺、社交活动过多等。

题目8：大学生现阶段了解创新创业相关政策。该项平均得分 4.56 分，40.00%的同学认为"一般符合"，47.94%的同学认为"较符合"或"非常符合"或者"完全符合"，仅有 0.95%的同学认为"完全不符合"。这说明受访同学认为自己对创新创业知识已经有一定程度的了解。大学生通过课堂、校创业中心、创新创业比赛、师兄师姐资源和媒体等渠道都可以学习到创业相关知识，如 SYB 课程、"挑战杯"比赛、《中华创业网》等。

题目9：大学生认可现在开始创业。该项平均得分 4.75 分，32.70%的同学认为"一般符合"，57.46%的同学认为"较符合"或"非常符合"或者"完全符合"，仅有 1.27%的同学认为"完全不符合"。这说明受访同学对现在开始创业的认可程度高。主要原因是现在优越的创业环境、知识和技术的储备量高等。优越的创业环境，现在的大学生创业环境相比以往更加优越，社会对创业的认可度提高，政府也针对创业者提供了一系列的政策支持和创业平台，如各类创业大赛、孵化器、创投基金等，为大学生创业提供了丰富的资源和机会，这使得他们对创业的认可程度更高。知识和技术的储备量，大学生在校期间接受专业知识的培训，具备技术和专业能力的积累。同时，互联网和信息技术的发展，为创业提供了更多的可能性和机遇。大学生对自己技术和知识储备的自信，也进一步提高了他们对创业的认可程度。

题目10：在各种就业方式中，大学生更喜欢创业。该项平均得分 4.62 分，39.37%的同学认为"一般符合"，50.16%的同学认为"较符合"或"非常符合"或者"完全符合"，仅有 1.27%的同学认为"完全不符合"。这说明在目前的就业选择中，受访同学更喜欢创业。大学生喜欢创业的原因有：创业能实现自我价值，创业的时间更自由，创业较其他就业形式更有激情，创业较其他就业形式更具挑战性等。

题目 11：大学生认为创业是追求职业热情、得到充分自我满足的最好方式。该项平均得分 4.63 分，39.68% 的同学认为"一般符合"，50.79% 的同学认为"较符合"或"非常符合"或者"完全符合"，仅有 0.95% 的同学认为"完全不符合"。这说明受访同学中，大多数同学认为创业是追求职业热情、得到充分自我满足的最好方式。对于创业者来讲创业是做属于自己的事情，可以给自己带来激情和动力，并且创业带来的成功感、满足感是无法被替代的。因此，创业者普遍认为创业是追求职业热情、得到充分满足的最好方式。

题目 12：大学在有机会并有自由决定权的前提下会选择自主创业。该项平均得分 4.49 分，35.56% 的同学认为"一般符合"，48.89% 的同学认为"较符合"或"非常符合"或者"完全符合"，仅有 3.81% 的同学认为"完全不符合"。说明受访同学中大多数同学会选择自主创业。大学生在创业时，会遇到很多问题，如资金不足、不了解市场、父母及亲友不支持创业等，当这些问题解决后，他们更偏向于创业，因为这样能自由支配自己的时间，实现自我的人生价值等。

三、性格特质分析

调查问卷共设计 6 道题，以分析大学生的性格特质（见表 4-3）。

表 4-3　性格特质

题号	平均得分	完全不符合	非常不符合	较不符合	一般符合	较符合	非常符合	完全符合
Q1	4.50	3.49%	4.76%	4.76%	39.37%	27.30%	13.97%	6.35%
Q2	4.60	3.81%	4.43%	4.13%	34.29%	30.16%	15.56%	7.62%
Q3	4.45	5.40%	4.13%	6.03%	36.19%	28.25%	13.02%	6.98%
Q4	4.61	0.63%	3.81%	5.40%	36.51%	35.87%	13.02%	4.76%
Q5	4.66	0.95%	2.54%	5.40%	37.78%	32.38%	15.87%	5.08%
Q6	4.56	2.22%	3.49%	6.03%	37.78%	32.38%	11.43%	6.67%

说明：平均分以完全不符合为 1 分，完全符合为 7 分来计算。

Q1：宁愿自己犯错也不愿听取别人意见。该题平均得分 4.50 分，39.37%的同学认为"一般符合"，47.62%的同学认为"较符合"或"非常符合"或者"完全符合"，仅有 3.49%的同学认为"完全不符合"。这说明受访同学大多有独立思考能力。若创业者拥有独立思考的能力，则在面临问题时能迅速做出决策。这种独立决策的能力在创业过程中至关重要，在竞争激烈的市场中，创业者需要具备敏锐的洞察力和判断力，以便快速适应市场变化。

Q2：敢于独自承担责任。该题平均得分 4.60 分，34.29%的同学认为"一般符合"，53.34%的同学认为"较符合"或"非常符合"或者"完全符合"，仅有 3.81%的同学认为"完全不符合"。这说明受访同学大多敢于独自承担责任。敢于独自承担责任，一是能促进自己成长，激励自己充分发挥个人潜能，克服种种困难，去实现自己的奋斗目标；二是能赢得别人的信任，得到别人的帮助和支持；三是能获得自尊和自信，在履行责任中增长才干，获得社会的承认和赞誉。

Q3：喜欢自己做决定。该题平均得分 4.45 分，36.19%的同学认为"一般符合"，48.25%的同学认为"较符合"或"非常符合"或者"完全符合"，仅有 5.40%的同学认为"完全不符合"。这说明受访同学偏向于拥有自主决策权并具备灵活性等特质。自主决策创业者拥有自主权，可以独自做出所有决策，包括决定其业务发展方向、品牌定位、产品设计等。这种自主权可以让创业者迅速调整战略和做出决策，不受合伙人的制约。灵活性则指单干创业者可以更快地做出决策，并迅速应对市场变化。

Q4：认为自己在处理某些情况方面比他人更有能力，倾向于独立解决问题而不是依赖他人。该题平均得分 4.61 分，36.51%的同学认为"一般符合"，53.65%的同学认为"较符合"或"非常符合"或者"完全符合"，仅有 0.63%的同学认为"完全不符合"。这说明受访同学大多认为自己有强于他人的处理问题能力。在大学阶段，同学们还未经历过社会磨砺，依然保持着自信；此外进入大学后，没有父母的帮助，更多的同学会选择自己处理问题，不再依赖他人。

Q5：倾向于自己解决问题。该题平均得分 4.66 分，37.78%的同学认为"一般符合"，53.33%的同学认为"较符合"或"非常符合"或者"完全符合"，仅有 0.95%的同学认为"完全不符合"。这说明受访同学面对问题时，希望通过自己的努力来解决问题。倾向于自己解决问题的同学有一定责任感，能明确地为自己的行为承担起责任是解决问题的基本前提。

Q6：在团队项目中总是希望担任领导角色。该题平均得分 4.56 分，37.78% 的同学认为"一般符合"，50.48% 的同学认为"较符合"或"非常符合"或者"完全符合"，仅有 2.22% 的同学认为"完全不符合"。这说明受访同学希望在团队的项目中，自己是领导的角色。究其原因，一是大学生通常在学校中承担各种责任，例如组织活动或领导社团，这使得他们具备了管理和协调团队的能力；二是大学生有较强的目标导向，他们可能希望通过项目去实现一些目标，这使得他们希望能在团队中明确目标并制订相应的计划；三是大学生可能对团队项目有较高的热情和投入度，他们可能会因项目成功而感到自豪，愿意付出额外的努力来实现团队的共同目标。

四、创新创业行为分析

调查问卷共设计 3 道题，以分析大学生创新创业行为（见表 4-4）。

表 4-4　创新创业行为

类型	平均得分	完全不符合	非常不符合	较不符合	一般符合	较符合	非常符合	完全符合
商业计划书撰写参与程度	4.52	2.86%	6.66%	3.81%	35.56%	30.16%	14.92%	6.03%
创新创业大赛参与程度	4.38	6.67%	4.76%	6.03%	33.97%	29.84%	12.06%	6.67%
创业实践实习参与程度	4.62	0.95%	3.81%	4.44%	40.32%	31.11%	12.39%	6.98%

说明：平均分以完全不符合为 1 分，完全符合为 7 分来计算。

大学生参与商业计划书撰写的程度，平均得分 4.52 分，35.56% 的同学认为"一般符合"，51.11% 的同学认为"较符合"或"非常符合"或者"完全符合"，仅有 2.86% 的同学认为"完全不符合"。这说明受访同学中大部分的同学是参与过商业计划书的撰写的。通过撰写商业计划书可以明确创业目标和方向、评估市场环境和竞争对手、规划创业路径和步骤、确保创业项目的可行性。大学生在大学时期参与商业计划书的撰写可以为未来创业打下一定的基础。

大学生参与创新创业大赛的程度，平均得分 4.38 分，33.97% 的同学认为"一般符合"，48.57% 的同学认为"较符合"或"非常符合"或者"完全符合"，仅有 6.67% 的同学认为"完全不符合"。这说明受访同学中大部分的同学参与过创业大赛，如中国国际"互联网+"大学生创新创业大赛、"挑战杯"全国大学生课外学术科技作品竞赛和中国大学生创业计划竞赛等。大学生参与创新创业大赛的程度高有多方面原因：一是在创业比赛氛围方面，大部分的学校鼓励学生参与各类创新创业活动，这种创业比赛氛围能激发学生对创新创业的兴趣，并促使他们积极投身于创新创业大赛当中；二是在资源支持方面，导师指导、实验室设施、资金支持及相关专业知识的学习等为学生参与创新创业大赛提供了重要的基础条件，使他们能够充分发挥自己的创造力和能力；三是在奖励机制方面，创新创业大赛通常设立有一系列的奖励，包括奖金、资金扶持、科技成果转化等，这能提升大学生的积极性，帮助他们实现自己的创业梦想。此外，参与创新创业大赛的经历和成果也会得到社会认可，提高学生在就业市场中的竞争力。

大学生参与创业实践实习的程度，平均得分 4.62 分，40.32%的同学认为"一般符合"，50.48%的同学认为"较符合"或"非常符合"或者"完全符合"，仅有 0.95%的同学认为"完全不符合"。这说明受访的大部分同学是参与过创业实践实习的。近年来，创业教育在大学校园中的普及程度逐渐提高，学校开设了更多的创业课程和活动，为大学生提供了更多学习和实践的机会。部分大学校园内设有创业园区、创业沙龙等创业相关的实践平台和活动，形成了浓厚的创业氛围，使大学生更容易接触到创业的机会和资源，同时也增强了他们参与创业实践实习的意愿。当前就业市场竞争激烈，许多大学生意识到传统的就业形势可能面临各种挑战，而创业实践实习则提供了另一种就业道路，通过参与创业实践实习，大学生可以获得更多的实践经验和技能，并能提升自己的竞争力，更好地适应就业市场的需求。当今社会上涌现出越来越多大学生创业成功的案例，这些成功案例对大学生参与创业实践实习产生了积极的激励作用，让他们看到了创业成功的希望和可能性，从而让他们愿意通过实践积累经验，为自己的创业梦想奠定基础。

第五章 职业污名感、自我效能与创业意向的关系研究

在"重学历、轻技能"的传统观念影响下，职业污名不仅给一线产业工人造成了职业困境，而且严重地阻碍了更多有潜力的青年才俊在物流、建筑等行业进行创新和创业，对于那些有意追寻自己的理想但在创业过程中频频受阻的人来说，职业污名无疑是一道重大障碍。因为职业污名往往使他们的就业和创业之路受到限制。

有创业潜力和能力的年轻人担心职业污名，不愿涉足一线产业，而选择在其他行业寻找机会，导致一线产业创新能力不足，一线产业人才储备也随之下降。这不仅阻碍了我国产业的升级，也使得一线产业的技术进步和创新受到了限制。要解决这一问题，我们需要深入调查并理解职业污名感，正确认识职业污名。

当前，我国经济实力实现历史性飞跃，经济总量已突破万亿元大关，制造业规模稳居世界第一，经济由高速增长阶段转为高质量发展阶段，互联网科技日新月异，但实体经济依旧是我国经济发展的原动力和中流砥柱。党的二十大报告强调，坚持把发展经济的着力点放在实体经济上。然而，实体经济行业却不是青年人创业的首选。

尽管实体经济是我国经济发展的中流砥柱，但青年创业者往往倾向于选择服务业和互联网科技。国家强调劳动价值，但社会仍存在对低声望职业的歧视。关于职业污名的研究显示，职业污名影响了从业者的自尊和职业认同，进而影响了他们的工作积极性和主动性。尤其在制造业，恶劣工作环境和"肮脏工作"的标签会让从业者感到被社会排斥。许多一线工人出于生计选择这些职业，但其受到的负面社会评价影响了他们的工作动力。为推动实体经济稳定发展，相关部门需加大对实业企业创业的支持，

同时解构职业污名，给予每个劳动者应得的尊重，鼓励更多青年投身实体经济创业。

一、创业与职业污名、职业污名感

（一）创业与职业污名

污名（stigma）的概念起源于古希腊，指的是某些负面标签或特征使个体或群体受到社会的负面评价或歧视。在职场上，这种现象被称为职业污名。污名主要分为三类：身体污名，性格缺陷污名，以及宗教、种族和民族污名。污名的产生和发展受多方面因素影响，包括社会环境、政治、经济和文化等。

职业污名是指社会大众对某些职业存在负面刻板印象，从而认为该职业具有某些负面的特征和属性。职业污名可以从不同的维度进行分析，包括但不限于社会认知、工作内容的污名化特征、职业歧视和组织污名。在这些维度中，社会认知和工作内容的污名化特征是职业污名的核心组成部分。

职业污名可能会因为创业者所从事的行业或业务性质而产生。例如，如果一个创业者从事的是社会主流可能认为不太正当或不太道德的业务，他则可能会遭受职业污名。职业污名不仅会影响创业者个人的社会评价和身心健康，还可能影响其创业项目的发展。如果一个创业者的项目涉及一些社会认为不道德的活动，那么这个创业项目可能会遭受来自社会和市场的负面评价和排斥，从而影响该项目的发展。

从职业污名的角度来看，创业者可能会面临复杂和多元的挑战，包括社会大众的负面评价，以及投资者、合作伙伴和政府等多方面的评价和态度。职业污名可能不利于创业者获取资源、发展市场和构建合作关系等，从而降低创业成功的可能性。

在研究和应对职业污名时，需要从多方面进行考虑和分析。首先，需要明确职业污名的来源和构成，然后分析职业污名对创业者和创业项目的具体影响，最后探讨如何通过多方面的努力来减轻或消除职业污名的负面影响，为创业者提供一个更为公平和正向的发展环境。同时，还可以通过案例研究、实证研究和理论分析等多种方法来深入理解职业污名的内在机制和影响，为创业者和创业项目的成功提供有益的参考和指导。

（二）创业与职业污名感

关于职业污名感的研究，本书从社会认同、自我验证和资源保存三个视角展开探讨。

第一，从社会认同视角看，创业者通过其创业活动建立个体和群体的身份认同。当创业活动被社会贴上负面标签时，其社会认同受损。创业群体内成员会通过建立内群体身份认同来区别于外群体成员，在职场中个体通常通过"我做什么工作""工作角色""工作身份"等来建立职业认同，以此划清与其他个体的边界。当个体从事有污名特征或属性的工作时，会自动与该职业的社会标签产生连接，而这些负面社会标签导致其社会认同受损。

第二，自我验证视角阐释了创业者如何理解自我和他人的评价。若创业项目被认定为不光彩的项目，创业者可能会自我贬低，进而感觉他人也贬低自己，产生消极情绪。自我验证理论解释了个体理解自我评价与他人对自己评价的过程，当个体怀有积极自我观念时，则其会倾向于认为别人也会积极评价自己；反之，消极的自我观念会让个体认为他人对自己的评价也是消极的。当个体从事有污名特征或属性的工作时，会对自己持否定态度，进而认为他人也会否定、看不起自己，引起消极的情绪体验。

第三，资源保存视角揭示了创业者在资源受损时的压力感受，例如社会歧视可能导致资源的流失，进而产生压力。资源保存理论指出，个体会积极获取并保护自己的资源，当资源受损时便会产生压力。拥有资源的多寡会影响个体获取资源的能力，个体从事有污名特征或属性的工作会让其遭受社会公众的歧视和贬低，使其损失社会资源，产生压力，甚至阻碍其获取其他社会资源。

关于职业污名感的来源，可从宏观的社会文化和政策、中观的媒体和相关群体，以及微观的污名职业从事者和社会公众三方面探讨。社会文化和政策的差异可能会在不同文化背景下对创业项目形成不同的评价；媒体和相关群体的看法对创业者的社会认知有显著影响；社会公众的歧视和创业者自身的认知往往互为因果，会加剧职业污名感的产生。

职业污名感的结果变量主要集中于个体认知、情感和行为三方面。在个体认知方面，职业污名可能降低创业者的职业认同，使其产生消极的自我认知，同时也可能影响到其家人的自我认知。在情感方面，职业污名可能导致创业者感受到羞耻、厌恶等消极情绪，影响其工作幸福感和感情承诺。在行为方面，职业污名可能改变创业者的工作方式和态度，导致较高的离职意愿、低工作绩效和反生产行为等。例如，面对社会歧视，创业者可能选择回避社交，拉开与社会的距离，进而影响创业活动的推进和成功。

二、创业职业认同

（一）职业认同的内涵

学术界关于认同的研究涉及心理学领域、社会心理学领域和社会学领域。过往学者对认同的研究包含了自我认同、社会认同和角色认同三个方面。虽然学者的观点丰富多元，但综合来看，他们对认同概念的界定都包含了认可、赞同之意。

类似地，对于职业认同的研究也包含了多个方面。国外学者从态度说、特征说、身份说阐释了职业认同的内涵：态度说视职业认同为个体对所从事职业的积极态度，例如认可职业价值，其表现为愿意为工作投入更多精力；特征说将职业认同视为某职业的属性和特征的反映；身份说强调职业是识别个体身份的重要因素，认为职业认同是个体在职业维度识别和确认自我身份的过程。对创业者而言，职业认同涉及创业者对自己创业职业的积极评价和身份的认可，并能帮助其认识到创业角色在自我认同中的重要作用。

（二）创业者职业认同的影响因素

创业者职业认同的影响因素主要分为个体因素和环境因素两大类。

个体因素：包括人口统计学变量和个体特征两方面。在人口统计学变量方面，如年龄、性别、教育程度可能会影响创业者对自己职业角色的认同；在个体特征方面，如创业者的应对风格、面子需要，以及对过往职业经历的情感保留可能会影响他们的职业认同水平。

环境因素：主要分为家庭环境、组织环境和社会环境三个方面。在家庭环境方面，如家庭的经济条件和家庭氛围可能会影响创业者的职业认同；在组织环境方面，包括创业公司的组织文化和管理理念；在社会环境方面，如文化传统、政策制度和媒体宣传，可能会影响创业者对其创业角色的认同，例如，某些创业领域可能因为社会的高度认可而让创业者有更高的职业认同。

（三）创业者职业认同的影响结果

职业认同对创业者的工作幸福感、工作投入、工作绩效、工作满意度等方面有着显著影响，其构成要素包括态度类变量和行为类变量。

态度类变量：职业认同与创业者的工作满意度和工作幸福感正相关，高职业认同的创业者往往对他们的创业经历更为满意。

行为类变量：职业认同与创业者的工作绩效和工作投入正相关。高职业认同的创业者通常愿意投入更多时间和精力，对提高创业业绩具有积极的推动作用。职业认同还可能影响创业者的创新行为和责任感，使他们在面对困难时更加积极应对，也更愿意为实现创业目标而努力。

总的来说，职业认同对创业者的工作态度和行为表现具有重要影响，并可能会进一步影响创业成功的可能性。通过了解和提高创业者的职业认同，有助于提高创业者的工作满意度和工作投入程度，进而提高创业的成功率。

三、创业核心自我评价

核心自我评价概念由 Judge 首次提出，此概念是核心评价与自我感知理论的融合，包含个人绩效、自我评价、工作满意度、感知的压力等领域。它也融合了人格心理学的因素，为研究个体行为提供了新视角。此概念有助于预测个体工作绩效和工作满意度。

每个人对自我、他人、事物及整个世界都有一个基本的价值评价取向，并相应地形成自己独特的人生观、价值观。这一评价取向的形成会受到多方面的影响，其中核心自我评价就是非常重要的影响因素。人们可能没有意识到这一点，但事实上，人们的评价取向无时无刻不受到这一因素的影响，这种影响不断塑造我们的行为。创业者也不例外，他们的核心自我评价影响其创业过程和创业绩效。

Judge 主要探讨了核心自我评价对个体的影响，他将其定义为个体对自身能力和价值的基本评价。核心自我评价包括四个特质：自尊、控制点、神经质（情绪稳定性）和一般自我效能感。这四个特质相互独立，共同构成核心自我评价概念。这些特质反映了创业者如何评价自己和环境，影响着创业者的决策和行为。

构成核心自我评价的要素有以下几点：

（1）自尊：对于创业者来说，自尊是他们的内在驱动力。一个有高度自尊的创业者会认为自己有能力成功，相信自己的创意和决策。他们更可能在困境中坚持自己的创业理念，不会轻易受到外界的干扰。

（2）控制点：控制点决定了创业者如何看待自己与外界事件的关系。内控者会认为自己的成功和失败都是由自己的努力决定的，而外控者则容易将这些归因于外部因素。内控的创业者在面对困难时，更可能从自己身上找原因，并努力改进，而不是抱怨环境。

（3）神经质：在创业的过程中，情绪的稳定对创业者至关重要。情绪起伏大的创业者可能在面对失败时感到绝望，而情绪稳定的创业者则能够更冷静地分析问题，并找到解决方法。

（4）一般自我效能感：这一特质决定了创业者会如何评估自己面对挑战的能力。一个高自我效能感的创业者更可能相信自己有能力克服任何难关，从而更有动力去追求更高的目标。

对于创业者的核心自我评价的形成，这可能涉及他们的成长经历、过去的成功和失败经历、家庭背景等多种因素。一些创业者可能天生就具有高度核心自我评价，而有些人的高度核心自我评价则是在不断地尝试和失败中培养出来的。不过，我们也可以认为，虽然外部环境和个人经历会影响创业者的核心自我评价，但其可能具有一定的固有性。

核心自我评价是一个多方面的概念，其对创业者的影响是多层面的，包括但不限于影响创业者的自我评价、创业决策和创业绩效。核心自我评价的多个特质共同作用于创业者，影响其在创业过程中的表现和满意度。

创业者处于一个充满压力和不确定性的环境中，他们需要面对无数的挑战和决策，这时，他们的核心自我评价会深刻影响他们的判断、决策和行为。例如，一个高自尊、自我效能感强的创业者可能更有信心面对困难，坚持自己的决策，而不会轻易放弃。相反，一个自我评价低的创业者可能在面对困难时容易失去信心，更容易受到外界的质疑和打击。

四、职业污名感对创业意愿的影响

(一) 职业污名感与创业主动性

根据社会认同理论，社群为个体提供了归属感的边界。人们会通过"我创办了什么样的企业""我的创业者身份是什么"，与其他社群成员进行区分，以此来支持自我认同和社会认同。因此，个体创办的企业类型也会划分出不同的社群边界。那些在社会中具有较高地位和声望的创业项目往往更容易获得公众的尊重，而那些被认为有较大风险或价值较低的创业项目可能会面临社会的歧视和贬低，从而降低其社会认同。这种被歧视或职业污名化可能会影响创业者的积极性，使他们更难以保持积极向上的心态，进而影响到他们的主动性。

虽然许多研究已经探讨了职业污名感对员工情绪、认知和行为的影响，但关于其对创业者主动性的影响则鲜有研究。主动性行为，如在创业过程中主动寻找资源、调整策略等，是创业者成功的关键因素。但当创业者感受到他们的企业类型被社会污名化时，他们可能会对自己的企业产生负面看法，即产生职业污名感。职业污名感可能会妨碍创业者采取积极的行动来改进和发展他们的企业，他们可能会因为担心被污名化而减少与其他创业者的交往，或者可能会避免参加某些与创业相关的活动，如创业大会或创业社区的活动。此外，他们可能会在做决策时更加保守，以避免增加他们受到污名的风险。

社会认同理论指出，当个体感受到社会对他们所属群体的消极评价时，他们可能会选择与该群体划清界限，或者试图改变群体的地位。在创业的背景下，当创业者感受到他们的企业类型被污名化时，他们可能会选择放弃创业，或者转向其他更受社会欢迎的创业项目。这种趋势不仅会对创业者自身产生负面影响，还可能对整个创业生态系统产生负面影响。某些创业项目可能被认为不如其他项目有价值或有地位，一些从事新兴技术或创新领域的创业者可能会受到社会的高度关注和尊重，而那些从事传统产业或被认为是"低端"项目的创业者可能会受到忽视或歧视。这种职业污名感可能会影响创业者的动力和信心，导致他们对创业失去兴趣。

（二）职业污名感与职业认同

职业认同是指个体对所从事职业的积极、肯定的评价，包括对自己在该职业领域的角色认知及对该职业身份的认可。当个体所从事的职业受到污名威胁时，他们可能会感受到被歧视、排斥和贬低，这种感知即是职业污名感。职业污名感包括认知成分和行为倾向成分，受此影响的个体不仅会意识到自己的职业和社会身份受到贬低，还可能表现出作退缩、职业冷漠、职业倦怠和离职意愿等行为倾向。个体的职业身份对其职业认同有很大的影响，个体的自我认知和职业认同会因他人职业贬低等而发生动摇，从而降低个体职业认同。

社会认同理论表明个体在形成自我身份时，经历了社会分类、社会比较和社会认同三个步骤。职业群体是个体重要的所属群体，个体一旦进入某一职业，就会与其他职业群体进行比较，形成职业身份。在职业遭受污名前，个体对自我和职业可能抱有积极的态度，怀有美好的憧憬。但若职业遭受污名，即使通过下行比较可以突出职业群体的优势，个体依然无法回避职业污名带来的被歧视感，并可能加剧职业污名感知。个体对职业污名的感知可能会降低其自我评价，使其产生消极情绪，甚至会导致其产生心理上的疏离感，从而对其职业产生排斥。这种现象的根源在于职业污名的威胁，它会促使个体维护自我认同，尽可能划清自我身份与职业身份的界限。为了维护自尊，个体会积极区分自我与职业身份，降低职业认同，否认职业身份的重要性。

（三）职业认同与创业主动性

创业活动是经济增长的关键驱动力。社会认同理论指出，群体间的冲突和排挤源于群体中个体对社会认同的渴望。创业者，作为特殊的职业群体，他们会在追求社会认同时将自己与创业领域中的"成功"特征联系起来，从而增强创业认同感。这种认同感会激励创业者更加投入自己的事业，不断自我完善，并着眼于未来的发展，从而增大其主动性行为的可能性。创业者们为了实现他们的梦想和目标，会面临各种挑战和不确定性。在这种背景下，创业者的职业认同对其创业主动性起到了至关重要的作用。

社会认同理论指出，个体追求社会认同的过程中，会形成对某种职业群体的认同。对于创业者来说，这种认同主要是与其创业活动、目标和价值观相关的。当创业者对自己的创业活动、目标和理想产生强烈的认同时，他们更有可能采取积极的策略和行动来实现这些目标。

职业认同对个体的行为和期望有显著的影响。当创业者的价值观与其创业活动高度一致时，他们更可能认为自己的创业活动是有意义的，并因此更加努力。例如，一个追求环保的创业者，当其创业活动与环保理念高度吻合时，他会更有动力去推动和发展其创业项目。创业者在追求创业成功时，不仅需要完成当前的任务，还需要以长远的视角规划其未来的发展。他们会主动地寻找改善当前状况的方法，并预先做好准备，寻求解决方案。当创业者对自己的事业有了认同感时，他们会将创业的优点内化为自己的一部分，并通过向外展示这些优点来维护和强化自己的职业认同。

创业者的职业认同也与其创业活动中的情感体验有关。当创业者在其创业过程中获得满足感和成就感时，他们的职业认同会得到增强，从而更有可能采取积极的策略和行动。

然而，创业者在创业过程中难免会遇到困难和挑战。当创业者面临负面评价或批评时，他们可能会对自己的能力或选择产生怀疑。长时间的负面评价可能会导致创业者失去自己的创业热情和追求，进而影响他们的主动性行为。因此，为了保持高度的职业认同和创业主动性，创业者需要学会如何应对和管理这些负面情绪。

职业认同是推动创业者主动性行为的关键因素。为了维护和增强这种认同感，创业者需要不断地完善自己，克服各种困难和挑战，并始终保持对自己事业的热情和追求。

（四）自我效能的中介作用

自我效能是指个体对完成特定任务或达成特定目标的信心和能力感知。自我效能感对个体的决策和行为有着重要影响。在职业领域中，个体对自己从事特定职业或任务的信心，会直接影响他们的职业选择方向和努力程度。而职业污名感则可能阻碍个体的职业发展降低其职业满意度，使其感到不被社会所认可或重视。在这种情况下，个体可能会失去自信，从而影响其创业意向。具体而言，具有较高自我效能感的个体更有可能对职业污名感采取积极的应对策略，如寻求社会支持、提升自我形象等，从而减轻职业污名感对其心理和行为的负面影响。相反，自我效能感较低的个体可能更容易受到职业污名感的影响，从而降低其创业意向。

（五）情绪智力的中介作用

情绪智力是指个体在处理情绪信息方面的能力，包括情绪感知、情绪理解、情绪表达和情绪调节等。一方面，情绪智力可能影响个体对职业污名感的感受和应对方式。具有较高情绪智力的个体能更容易应对外界的负面评价，从而减轻职业污名感带来的压力。他们能更有效地管理自己的情绪，并将负面的情绪转化为积极的动力，从而使他们更有信心地面对创业的挑战。另一方面，情绪智力也可能影响个体的创业意向。具有较高情绪智力的个体更有能力应对创业过程中的各种情绪波动，更能够保持乐观的态度，找到解决问题的有效途径，从而增强其对创业的信心和意愿。总而言之，情绪智力可能有助于个体更积极地应对职业污名感带来的挑战，同时增强其对创业的信心和意愿，从而间接地影响了职业污名感与创业意向之间的关系。

五、问卷设计

（一）研究对象

本书采取定量研究方法，面向高校中筹备创业的对象进行问卷调查，共计发出问卷 350 份，收回有效问卷 315 份，问卷选取了 4 个核心变量：职业污名感、自我能效、情绪智力和创业意向。

（二）测量工具

职业污名感、自我能效、情绪智力和创业意向均为成熟量表，所有的英文量表都经过翻译和回译程序转化为中文，并且按照汉语习惯和中国文化情境进行了适当的调整。

1. 职业污名感的测量

本书采用了 Pinel 和 Paulin 所开发的职业污名测量量表，该量表是被广泛应用的测量量表，包含 6 个题目。为了更好地研究服务人员的职业污名感，Shantz 和 Booth 对该量表进行了修改，并证明了其具有较好的信效度。国内学者周晔等、季浩等也利用该量表来研究职业污名感对员工幸福感和离职倾向的影响，并证明该量表在中国情境下也具有较高的信效度和适用性。因此，本书采用了 Pinel 和 Paulin（2005）编制的问卷，共计有 6

个题目。所有的题目采用了五级 Likert 评分法（从 1 = "完全不符合" 到 5 = "完全符合"）。例如，其中一个题目是 "很多不从事这个职业的人对我们这个职业有很多的负面看法，尽管他们没有表达出来"。

2. 自我能效的测量

自我效能感量表（general self-efficacy scale，GSES），是一种心理测量工具，用于评估个体对其能力和行为的信心水平。该量表是由 Schwarzer（1993）提出的，每个项目都是描述某种特定情境下个体完成某项任务的信心水平，被试者需要基于自己的经验和所描述的情境，对每个问题进行回答，并根据信心程度在一个等级刻度上作出选择。本书采用的量表共 10 题，所有的题目采用了四级 Likert 评分法（从 1 = "完全不符合" 到 4 = "完全符合"）。例如，其中一个题目是 "我自信能有效地应付任何突如其来的事情"。

3. 情绪智力的测量

情绪智力是指个体能够适应性地感知、理解、调节和利用自己及他人情绪的能力。这个概念在 Goleman 的《情绪智力》一书中被广泛介绍。虽然有些人将情绪智力视为一种能力或智力，但有些人则认为它是个性特质，研究表明，情绪智力对个体在现实生活中取得成功非常重要。Schutte 等人还设计了自陈式情绪智力量表（EIS），用于测量人们对自我和他人情绪感知、理解、表达、控制、管理和利用的能力。如今，这个量表已被广泛使用和验证，效度指标良好。王才康等人将 EIS 进行了翻译，并验证了其在中国的适用性，因此本书采用的量表共 33 题，所有的题目采用了五级 Likert 评分法（从 1 = "完全不符合" 到 5 = "完全符合"）。例如，其中一个题目是 "我知道与别人谈论私人问题的恰当时机"。

4. 创业意向的测量

根据 Thompson（2009）的总结，创业意向是指个体打算创办新公司并计划在未来实践这一意图。然而，仅仅具备创业意向并不意味着个体会真正创办公司，因为个体因素和环境因素可能会对其创业产生负面影响。有些具备创业意向的人最终成为新生创业者，也就是采取行动正式创办公司的人。然而，拥有创业意向只是新生创业者的必要条件，并不是其充分条件。创业意向的等级和强度因个人而异，并可能随时间变化。Gollwitzer 和 Brandstätter（1997）在研究创业意向问题时提出了目标意向和执行意向的概念。目标意向表达了个体想要达到的最终状态，其可以是抽象的，如成为创业者，也可以是具体的，如邀请某人赴宴；形成目标意向后，个体会感到有责任去实现这个最终状态。执行意向则作为目标追求的中介因素，进一步推动目标的实现。根据以上研究，本书采用的量表共 12 题，所有的题目采用了 7 级 Likert 评分法（从 1 = "完全不符合"到 7 = "完全符合"）。例如，其中一个题目是"我会竭尽全力创办运营自己的公司"。

六、实证分析

（一）各变量相关性分析

表 5-1 为各变量之间的相关系数。如表 5-1 所示，职业污名感与自我效能显著负相关（$r = 0.222$，$p < 0.01$），即职业污名感越强，则自我效能越低；与情绪智力显著正相关（$r = 0.031$，$p < 0.01$），即职业污名感越强，情绪智力越高；与创业意向显著正相关（$r = 0.294$，$p < 0.01$），即职业污名感越强，创业意向越强。自我效能与情绪智力显著正相关（$r = 0.94$，$p < 0.01$），即自我效能越高，情绪智力越强；与创业意向显著负相关（$r = 0.552$，$p < 0.01$），即自我效能越高，创业意向越弱。情绪智力与创业意向显著正相关（$r = 0.076$，$p < 0.01$），即情绪智力越强，创业意向越高。

表 5-1　各变量之间的相关系数

变量	均值	标准差	1	2	3
1. 职业污名感	1.920 7	0.470 5	1		
2. 自我效能	48.417	13.774 1	-0.222**	1	
3. 情绪智力	7.346	1.893 5	0.031**	0.094**	1
4. 创业意向	0.290 7	0.570 8	0.294**	-0.552**	0.076**

注：** 表示在 0.01 水平（双侧）上显著相关。

（二）效应分析

1. 职业污名感对创业意向的总效应和直接效应

表 5-2 为职业污名感对创业意向的总效应和直接效应。职业污名感与创业意向之间的总效应为 0.361 9，此效应经过效应检验（t 值 = 34.121，p 值 = 0.000），并且总效应的 95% 置信区间为 LLCI = 0.341 1，ULCI =

0.382 7，区间不包含 0，说明职业污名感对创业意向的总效应是显著。职业污名感与创业意向之间的直接效应为 0.219 8，此效应经过效应检验（t 值 = 23.953 2，p 值 = 0.000），并且总效应的 95% 置信区间为 LLCI = 0.203 9，ULCI = 00.240 2，区间不包含 0，说明职业污名感对创业意向的直接效应是显著。

表 5-2　职业污名感对创业意向的总效应和直接效应

效应分类	Effect	t	p	LLCI	ULCI
总效应	0.361 9	34.129 9	0	0.341 1	0.382 7
直接效应	0.219 8	23.953 2	0	0.203 9	0.240 2

2. 职业污名感对创业意向的总间接效应

如表 5-3 所示，职业污名感对创业意向的总间接效应为 0.142 1，占总效应的 39.26%，其起作用的 95% 置信区间为 Boot LLCI = 0.130 6，Boot ULCI = 0.153 6，区间不包括 0。上数据说明职业污名感对创业意向的总间接效应较大，有显著的正向调节作用。

表 5-3　职业污名感对创业意向的效应

Path	Effect	Boot LLCI	Boot ULCI	Relative mediation effect
总间接效应	0.142 1	0.130 6	0.153 6	39.26%
路径 1：职业污名感→自我效能→创业意向	0.141 5	0.129 9	0.153	39.01%
路径 2：职业污名感→情绪智力→创业意向	0.002 3	0.001	0.003 6	0.64%
路径 3：职业污名感→自我效能→情绪智理→创业意向	−0.001 6	−0.002 1	−0.001 1	−0.44%
C1：路径 1-路径 2	0.139 2	0.127 8	0.150 8	
C2：路径 1-路径 3	0.143 1	0.131 3	0.154 8	
C3：路径 2-路径 3	0.003 9	0.002 3	0.005 6	

3. 自我效能的中介效应

基于 Bootstrap 的路径分析检验自我效能的中介效应，如表 5-3 所示，自我效能的效应值为 0.141 5，占总效应的 39.01%，其起中介作用的 95%

置信区间为 BootLLCI = 0.129 9，BootULCI = 0.153，区间不包括 0。以上数据说明自我效能在职业污名感与创业意向之间的中介效应具有显著的正向调节作用。

4. 情绪智力的中介效应

基于 Bootstrap 的路径分析检验情绪智力的中介效应，如表 5-3 所示，自我效能的效应值为 0.002 3，占总效应的 0.64%，其起中介作用的 95% 置信区间为 BootLLCI = 0.001，BootULCI = 0.003 6，区间不包括 0。以上数据说明情绪智力在职业污名感与创业意向的关系间起到了中介作用虽然较小，但也显示了一定的影响。综上可知，情绪智力在一定程度上促进了职业污名感对创业意向的影响。

5. 自我效能和情绪智力的综合中介效应

基于 Bootstrap 的路径分析检验自我效能和情绪智力的综合中介效应，如表 5-3 所示，自我效能和情绪智力的综合效应值为 -0.001 6，占总效应的 -0.44%，其起中介作用的 95% 置信区间为 BootLLCI = -0.002 1，BootULCI = -0.001 1，区间不包括 0。以上数据说明自我效能和情绪智力在职业污名感与创意意向的关系间起到了中介作用虽然较微弱，但是产生了一定的负影响。综上可知自我效能和情绪智力结合时在一定程度上使职业污名感对创业意向产生了负向调节效应。

6. 不同路径效应差值分析

如表 5-3 所示，路径 1 和路径 2 的效应之差为 0.139 2，其起作用的 95% 置信区间为 BootLLCI = 0.127 8，BootULCI = 0.150 8，区间不包括 0；路径 1 和路径 3 的效应之差为 0.143 1，其起作用的 95% 置信区间为 Boot-LLCI = 0.131 3，BootULCI = 0.154 8，区间不包括 0；路径 2 和路径 3 的效应之差为 0.003 9，其起作用的 95% 置信区间为 BootLLCI = 0.002 3，Boot-ULCI = 0.005 6，区间不包括 0。以上数据说明，职业污名感、自我效能和情绪智力对创业意向都有着一定的影响，其中自我效能是影响创业意向的最主要因素，而情绪智力对创业意向的影响较弱。

七、研究结论

本书通过调查问卷得出的数据，验证了职业污名感通过自我效能正向影响的学生的创业意向，具体结论总结如下：

　　（1）职业污名感与自我效能显著负相关，与情绪智力显著正相关，与创业意向显著正相关。即职业污名感越强，自我效能越低、情绪智力越高、创业意向越强。

　　（2）自我效能与情绪智力显著正相关，与创业意向显著负相关。即自我效能越高，情绪智力越强、创业意向越弱。

　　（3）情绪智力与创业意向显著正相关，即情绪智力越强，创业意向越高。

　　（4）职业污名感对创业意向的总效应和直接效应都具有显著性。

　　（5）职业污名感对创业意向的总间接效应较大，有显著的正向调节作用。

　　（6）自我效能在职业污名感与创业意向之间的中介效应具有显著的正向调节作用。

　　（7）情绪智力在一定程度上促进了职业污名感对创业意向的影响。

　　（8）自我效能和情绪智力综合时在一定程度上使职业污名感对创业意向产生了负向调节效应。

　　（9）职业污名感、自我效能和情绪智力对创业意向都有着一定的影响，其中自我效能是影响创业意向的最主要因素，而情绪智力对创业意向的影响较弱。

第六章 加强创新创业教育和提升创业素养的对策建议

一、培养创业意识

（一）培养创业意识的意义

1. 创业意识是时代的呼唤

当代大学生应当成为全国青年的优秀代表。新的时代赋予了大学生新的社会责任，需要大学生以新的面貌、新的方式投身于社会主义现代化建设事业。实现中华民族伟大复兴，是一项宏大的系统工程。在工业、农业、商业、教育、科技、文化、卫生、国防、外交等各条战线，在城市和农村，特别是条件艰苦、发展落后的边疆、山区、沙漠、海洋地区，发展社会主义事业、管理国家和社会事务、维护祖国尊严和人民安全，都需要大批青年知识分子艰苦创业、辛勤劳动，贡献智慧和力量。社会主义市场经济体制的建立和发展，为我国的社会发展注入了活力，也为人的全面发展提供了更加广阔的空间。

努力实现大学生主体性就业，甚至创业型就业，无疑将是我国高校毕业生就业的一种新模式、新趋势。市场竞争是激烈的，当代大学生必须有所准备，在大学学习期间就应着力培养自己的创业意识。

2. 创业意识是成功创业的动力

创业意识是成功创业的动力，没有强烈的创业意识就不会有持久的创业活动。创业者的创业理想越切合实际，信念越坚定、兴趣越浓厚、目标越明确，创业意识也就越持久、越稳定。有稳定持久的创业意识的支撑，创业者就会在创业实践活动中，始终保持旺盛的斗志，不管遇到多么大的困难，仍然会持之以恒。创业世界观或创业指导思想作为一种创业意识，对创业主体的整个精神面貌具有极其重要的影响，它决定了创业主体的个性和人格的总体面貌和发展方向，还调节和引导着创业主体的思想方式和行为方式。

3. 创业意识是形成创业素质的基础

创业素质包括创业意识和创业能力等诸多因素，其中，创业意识是形成创业素质的基础，它决定着创业心理和行为的方向和强度。创业意识的形成和发展在相当大程度上影响着创业目标、创业心理品质、创业能力的形成和发展。创业意识的强弱，决定了其他创业相关要素如何发挥作用以及发挥作用的程度。正是有了强烈的创业意识，创业者才会拥有良好的心理品质，才会去努力培养自己的创业能力。

一般地说，创业意识支配着人们选择创业实践活动的方向和目标，规定着人们在创业实践活动中的态度和行为，是人们在创业实践活动中的思维方式、精神状态、创新意识的集中表现。大学生要想培养自己的创业意识，就要树立雄心壮志。

（二）创业意识的形成

创业意识作为人的社会意识的组成部分，它的产生同样会受社会各种因素的影响。创业意识的形成，往往与创业者的成长环境、经历、受教育的程度及个人的价值观和其所追求的目标紧密地联系在一起。一般而言，生活和成长在鼓励自由选择、追求独立自主、看重成就和责任的社会环境中的人，对创业行为的喜好程度会相对高一些，创业的意识也会相对强一些。而教育作为个人能力培养的主渠道，它能在创业者面临问题时，给创业者一种科学解决问题的思维和方法，它是创业理念生成的坚实依托。另外，个人的价值观和其所追求目标一旦与创业动机结合起来，就会激发强烈的开创意识、进取精神，使人们对创业目标锲而不舍地追求，成为推动人们投身创业实践的巨大的精神动力。

创业意识包括创业的理想、兴趣、动机、需要、信念和世界观等，了解它们的形成对培养创业意识具有重要的意义。

1. 创业理想与创业兴趣

人的创业兴趣是多方面的，同样面对现有田地不能养活全家的境况，有的人选择开荒造田，有的人却选择通过改良土地、改良种子的方法来提高现有田地面积上粮食作物的单位产量；同样是一个专业毕业的大学生，在毕业选择工作的时候，有的选择当教师，有的选择做自由职业者，有的选择去打工，还有的选择自己去当小老板。这都表明在创业意识的各种成分中，有一个表现个性特征的成分，那就是创业兴趣。创业兴趣是指人们对创业实践活动的积极情绪和态度，它以积极的方式影响着主体的创业心理和行为，使人在创业实践活动中感知敏锐、注意力集中、思维活跃，并影响着其创业情感和意志。日本学者木村久一曾说："天才，就是强烈的兴趣和顽强的入迷。"一个人能否成才、成功，与他对所从事工作是否感兴趣关系很大，兴趣越浓他就越刻苦，工作就越勤奋，他获得成功的几率就越大。电视剧《大染房》中的陈寿亭就是凭着对颜色的特殊敏感性和高超的染布技艺，成为民国时期有名的企业家。

创业理想是人们对创业实践未来奋斗目标的坚定、持久的向往和追求，它是创业兴趣的升华，也是创业意识的高级形态。有了创业理想，创业意识也就有了明确而具体的方向。创业理想在创业主体从事的创业活动中发挥着重要的作用，激励和鼓舞着创业主体，使其行为充满了朝气与活力。在创业理想的影响下，创业主体能有效地抵制与理想目标相悖的行为，保持行为的强度和持久性，从而帮助其克服一切困难和挫折，向着既定目标前进。

2. 创业动机与创业需要

大学生须具备强烈的创业动机。创业最原始、最普遍的动机就是人的创业需要。创业需要是一个人、一个群体要创一番事业的最原始的意识倾向。当人们不满足自己生存和发展的现状时，就会千方百计地去改变现状。

一个人光有创业需要，不一定就会变成创业行动，也就难以形成真正的创业意识。要使创业需求变成创业行动，还需要一种来自内心的冲动，需要一种积极心理状态下的内驱力，这就是创业动机。创业动机具有使行为启动或停止、行为强度增大或减弱等功能，它是一种成就动机。创业动机和创业需要是紧密联系的，创业需要是产生创业动机的基础，创业动机是创业需要具有了满足对象和条件时的一种内部冲动。当一个行为主体产生创业动机时，投身创业实践活动的创业行为就即将开始。创业动机将创业需要变成了创业意识。

3. 创业信念与创业世界观

创业信念是指坚信创业理想能够实现的信心，它是建立在对客观世界发展规律科学认识基础之上的思想意识。没有创业信念支撑的创业理想，往往是不坚实的，甚至可能只是幻想。因为这样的理想没有以对客观事物和创业实践的认识为基础，怀着这样的创业理想去从事创业活动，通常是"东一榔头西一棒槌"，难以取得成功。只有以正确的创业信念为支撑的创业理想，才具有稳固而坚实的精神基础，才是可以实现的理想。莱特兄弟的信念是建立在对鹏鸟飞翔的反复观察的基础之上的，袁隆平的信念是建立在自己早期对水稻种植的实践和研究的基础之上的，这样的创业信念有力地支撑了他们的创业理想。

一个创业者在创业的道路上经历失败与成功，并能从成功走向更大的成功，其思想和境界也随之升华，最终形成创业世界观，使创业者的个性发展、社会义务感、社会责任感、社会使命感有机地融合在一起，把创业目标升华为奋斗目标。

（三）对大学生创业意识的培养途径

目前，对大学生创业意识的培养主要有以下四个方面：一是培养风险意识，这是培养创业意识的关键；二是培养创新意识，这是培养创业意识的核心；三是培养职业规划意识，这是培养创业意识的保障；四是培养大学生吃苦耐劳的意识，这是培养创业意识的前提。

那么，具体应如何培养大学生的创业意识呢？

1. 明确你的创业理想

卡耐基曾说，在现实生活中，许多人的价值观念不是不正确，而是不明确，更准确地说，是由于自我意识淡薄而造成其价值观念模糊不清。如果一个人习惯于随大流，常常不能做出自己的选择，没有明确的理想、目标，那他怎么会有创业意识呢？学习是通往成功之路的阶梯，学习可以增加知识，增长智慧和才干。但是，知识的积累与个人对社会的贡献并不是成正比例的。知识必须与谋求人类社会的进步和生活的幸福联系在一起，才能充分显示其价值。大学是学习高层次知识的殿堂，大学生应该为实现创业理想而学习，因为只有那些具有明确创业理想的大学生，才会具有强烈的创业意识和明确的学习方向，才会有刻苦探求知识、勇于创业的动力。

在大学时代就明确自己的创业理想，对培养自己的创业意识和指导自己的创业实践具有重要的意义。人不怕没有未来，就怕没有理想。如果你满足于每天就吃一块烤地瓜，那么你的人生将一直与地瓜休戚相关；如果你除了吃烤地瓜还想得到一瓶可口可乐，那么通过努力，总有一天你会得到可口可乐，说不定还会额外得到一个汉堡包。如果连想都不敢想，即便偶尔会得到可口可乐或汉堡包，也绝不会是天天拥有。

2. 在专业学习中培养创业意识

在创业准备的学习过程中，学习的目标应该是掌握大量创业所需的知识，否则在实践时我们就有可能束手无策、一筹莫展。但是，对于任何人而言，知识的价值并非在于它的数量多少，而在于它能否得到很好的运用；智慧的多少也不在于涉猎领域的多寡，而在于能否有目的的、适当的学习。在创业实践中，准确而精细的知识往往比泛泛的、肤浅的知识有价值。因此，全面和准确地掌握知识是学习上必须达成的两个要求。当一个大学生对自己的创业有一个明晰的认识的时候，就要围绕这个意识去掌握相关学科的内容，也就是学习一个领域中专门的知识和本领。专业学习就是学本事，通过专业学习，可以使自己的创业理想更明确、创业目标更具体、创业兴趣更浓厚、创业信念更坚定。所以，专业学习是培养大学生成熟的创业意识的摇篮。大学生在培养自己创业意识的时候，一定要非常重视专业学习，在专业学习中培养自己的创业理想和创业信念。

3. 在社会实践中培养创业意识

大学生在学校里获取知识只是培养创业意识的一个良好开端，因为书本上获取的知识尽管珍贵，但其本质上仍然只是知识的积累，而取之于社会生活的实践经验才是智慧之源，其价值会远远超出前者。只有积极地、自觉地将所学的知识与社会实践结合起来，在正确认识社会的基础上形成的创业意识，才是一笔完全属于自己的宝贵精神财富。因此，当代大学生在培养自己的创业意识、树立自己的创业理想的时候，一定不要把自己的思维局限在校园里、书本中，要主动走出去，到社会上去多看看、多听听，我们的国家到底需要什么样的大学毕业生，实现中华民族伟大复兴到底需要我们做些什么。只有从社会实践中形成的创业动机、创业理想才会真正让你为之奋斗终身。

社会是创业意识之田，在社会实践中形成的创业意识，最具有现实性，最能对事业的发展产生推动作用。

（4）要学会辩证地思考问题，深刻理解内因是促使事物发展变化的决定因素的原理。

人们既要善于利用外力来为自身的发展创造良好条件，更要懂得把立足点放在自身的努力上，通过自身的踏实工作，为实现自己的创业理想开辟道路；还要懂得，人的素质、能力是可以在社会环境中塑造、在社会实践中提高的，事业的成功源于百分之一的天赋加百分之九十九的勤奋，因而应该对自身能力的锻炼和提高有一个科学的认识，对自己的创业前景充满信心。

4. 创业意识培养中应注意克服的消极思想

创业意识是一种积极的思想意识。作为大学生，在培养自己创业意识的过程中，需要注意克服各种各样的消极思想意识。

（1）要克服不思进取、不求上进的思想。

大学生要培养强烈的创业意识，必须克服不思进取、不求上进的思想，振奋起积极向上、开拓进取的精神。

进取心、创造心是创业的内在动力，进取和探索是通向成功的道路。从古到今，凡成大业的人，都有远大的理想和抱负。只有自强不息、不断进取、奋斗不止的人，才有可能成就大的事业，达到希望的顶峰。弱者与强者之间、大人物和小人物之间最大的差异就在于意志的强弱，即是否具备坚定不移的决心。一个目标一旦确立，便要奋斗到底。否则，不管你具有怎样的才华，不管你身处怎样的环境，不管你拥有怎样的机遇，你都难以取得成功。

（2）要克服保守和满足的思想。

创业精神与创新精神宛如一对亲兄弟。若不学习前人成功经验中的创业、创新的精髓，只有一成不变地照搬的保守心理，也是与创业精神背道而驰的。大学生在学习知识的过程中，一定要注意学习先辈们留给我们的创业精神、创新精神，千万不要"读死书"，把自己仅仅培养成一个守业人。要知道，如果没有不断创新，持续创业，先辈们给我们留下的基业也会丧失殆尽。

创业是一项有风险的事业。求稳心态会过度考虑事业的风险，即使形成了创业理想，也没有办法去实现它。满足感是创业意识的最大敌人，什么事都满足了，就失去了创业需要和动力。有的人开始有创业意识，而且也进行了创业活动，但当他们取得了一定成果之后，就沉湎在成功的喜悦中，不思进取了。这种满足感，是没有形成完全的创业意识的表现。创业犹如逆水行舟，不进则退，保守和满足的思想和行为对创业是有害无益的。

（3）要避免听天由命、依赖和自卑的思想。

有些人在生活、工作中，只是听从命运的安排，服从他人的摆布，自己就好像没有帆的船，逆来顺受、随风飘荡。有的人，在家靠父母，上大学以后还依然什么都依赖父母，甚至大学毕业了还要父母去为自己找工作。这样的人一旦没有人帮、没有人管，就会不知所措、一筹莫展，更谈不上用积极的思考、乐观的精神和潇洒的态度去开创事业。还有的人，自卑而且怯懦，认为自己的本事不如别人，或是觉得别人的机遇比自己好。他们从来不敢冒尖，不敢面对竞争，不敢以火热的激情拥抱生活，自然也没有开创事业的雄心。心理学家分析，人生中的许多失败都是缺乏自信心、畏于尝试造成的，缺乏自信往往是人们难以取得进步的重要原因，但这一点人们并没有被普遍认识到。在培养创业意识的过程中，应该防止和克服这些消极的思想。

二、培养创业精神

（一）创业精神的意义

近些年，随着我国高校的扩招，部分大学毕业生无法与现代企业和市场需求相适应，处于"刚毕业就失业"的尴尬境地。联合国教科文组织在《21世纪的高等教育：展望与行动世界宣言》中明确指出："为方便毕业生就业，高等教育应主要培养创业技能与主动精神；毕业生将愈来愈不再仅仅是求职者，而首先将成为工作岗位创造者。"1998年世界高等教育大会上发表的《高等教育改革和发展的优先行动框架》中强调："高等学校必须将创业技能和创业精神作为高等教育的基本目标。"在《中共中央 国务院关于深化教育改革全面推进素质教育的决定》中也提出："高等教育要重视培养大学生的创新能力、实践能力和创业精神，普遍提高大学生的人文素养和科学素质。"由此可见，创业精神对现代高等教育意义深远。无论是在国际层面上，还是在国家层面上，对大学生创业精神培养的重要性与必要性都是毋庸置疑的。

1. 大学生创业精神的培养是新世期社会和谐稳定发展的需要

随着我国社会主义市场经济的发展及经济全球化的进一步推进，人们的生产生活方式、社会关系、价值观念时刻在发生着变化，现代社会对人才的需求也随之发生变化。大学生"刚毕业就失业"的现象有其存在的客观性，但是找不到工作的大学生越来越多时，就容易造成社会的不稳定，而创业是缓解这种现象最有效的方式之一。但是，并不是每个人都有勇气去创业，也不是每一个创业者都会获得成功。因此，我们应大力培养大学生的创业精神，让他们了解创业的重要性与必要性，并将创业精神转化为其创业实践的动力。创业可以扩大大学生的就业范围，加快技术创新和科研成果转化的速度，推动社会经济发展。大学生的创业精神是一种积极向上的思想观念和精神状态，对社会的和谐稳定发展具有十分重要的推动作用。

2. 大学生创业精神的培养是国家创新型人才培养的需要

创业是一种创造性的活动，它本身就是对现存事物或状态的超越。创业就意味着创新，因此，培养大学生创业精神的过程也就是培养创新型人才的过程。创业精神是在创业实践过程中不断培养的，创业精神一旦形成，就会作为一种精神动力，不断激发人们的创新活力。如今的大学生大多思想活跃、兴趣广泛，极富创造力，乐于接受各种挑战，因此在培养他们的创业精神时，应冲破旧观念、旧思维的种种束缚，鼓励他对各种行业进行种种尝试与挑战，推动和促进他们的创造性活动，并在这一过程中，逐步培养国家和社会所需的创新型人才。

3. 大学生创业精神的培养是大学生成功创业的需要

如今的大学生成长于经济高速发展、信息高度膨胀的社会大环境中，他们大多是家庭环境优越的独生子女，从小独享父母的宠爱与家庭给予的各种物质资源，生理需要与安全需要已得到保障，其更为关注个人成长的需求及自我价值的实现，因此，他们对创业充满期待和热情。在大学生的创业实践过程中，不断培养他们的创新、冒险、拼搏、合作等精神和品质，使其能以前瞻性的思维与眼光做出预测与判断，及时调整自己的创业目标和行动方案，逐步习得创业成功的种种能力与策略。如今，知识技术不断更新，职业岗位不断转换，政策环境不断变化，大学生创业处于一个不断变化的社会环境中，大学生只有具备创业精神和良好的自我调适能力，才能与时俱进，充分发挥自身的潜能，获得创业的成功。

（二）大学生应具备的创业精神

大学生创业是一个艰辛的历程，要想获得成功，需要不怕吃苦的精神和全部心血的投入，需要不断对商业运作模式进行探索和创新，并能经受住挫折和考验等，而这些都与创业精神密切相关。在创业的过程中，大学生究竟需要具备怎样的创业精神呢？

1. 更新观念，立志创业

（1）更新观念、冲破束缚

第一，大学生要冲破思想牢笼和精神束缚。当前，大学生在就业、创业问题上，存在等、靠、要的思想和"骄娇二气"。等、靠、要的思想表现在：大学生在校期间认为就业要依靠学校，从而降低了对自己的要求，学习热情明显减弱，个别学生甚至存在虚度光阴、混文凭的现象；在毕业时，大学生普遍认为靠家长和学校找工作天经地义，北京某高校对毕业生进行的问卷调查显示，无一名学生选择自主创业；在走上工作岗位后，尽管许多学生对企业或单位效益和个人收入不满，但到头来还是栖身企业和单位，以求生活太平，随遇而安。即使少数人脱离岗位也不会勇敢地去闯世界，而是消极待业或依靠父母。

这种思想，一是受中国传统和社会消极文化的影响，二是受到教育方式的影响。传统教育是一种保姆式的包裹教育。学生被封闭在有限的时空环境中，很少受社会风雨的磨炼，像温室中的盆景，枝干脆弱，适应能力差，一旦遇到问题，只能求助外力。

"骄娇二气"主要表现为四种不良心态。一是自卑感，大学生总觉得创业是"风险"职业，认为个体经营低人一等，有失尊严。既怕经营不景气，又怕天灾人祸，忧患心态削弱了创业精神。二是空虚感。少数大学生缺乏高尚的信仰追求，把创业简单理解为赚钱发财，看不到创业者肩负的社会责任和历史责任。三是自足感。部分大学生感到创业比在企业上班自由实惠，产生小富即安的心态，不思进取。四是虚荣感。不少学生在校期间盲目攀比、超前消费，"未富先豪"。对天津十所高校在校生的调查发现，70%的学生年消费水平超过家庭年消费水平，30%的学生消费支出超过其父母消费支出的两倍。

造成"骄娇二气"的原因，一是家庭的娇宠。一些父母望子成龙心切，不惜自己节衣缩食，斥重金寒门宣教，几乎把所有本应由学生自己完成的事情都包揽下来，越俎代庖。这样做不仅不能使学生有所建树，反而导致有的学生连自己生活都不能自理，从而助长了学生的扭曲人格和不良习惯。二是市场经济的负面作用。伴随市场经济的发展，一些消极负面的东西也接踵而来，如"一切向钱看"的观念，追逐名利的短期行为，浮躁虚华的风气，以及片面追求高消费，都不同程度地对青年大学生的思想产生了潜移默化的影响。青年大学生对这些负面东西一旦失去警觉，很容易染上"骄娇二气"。

第二，战胜自我、更新观念。等、靠、要的实质是依赖思想，幻想不自食其力而坐享其成；"骄娇二气"的实质是不思进取，无所作为。这两种思想意识结合在一起成为套在大学生脖子上的沉重枷锁，极大地阻碍着当代大学生在创业道路上昂首阔步、勇往直前。那么如何战胜自我、更新观念呢？

解放思想是树立创业精神的前提。所谓解放思想，就是从那些落后的传统观念和主观偏见束缚中解放出来。在创业问题上，主要是从等、靠、要思想中解放出来，从"骄娇二气"中解放出来，从一切阻碍我们勇敢创业的误区中解放出来。封建旧文化同上述不正确思想观点是源和流的关系，解放思想，一是要清除封建思想的影响。二是要有战胜自我的勇气和决心。老子说："胜人者力，自胜者强"。战胜自我就是克服自己性格上、思想上、心理上的种种弱点，改变自己的既定习惯，主宰自己的情绪，驾驭自己的性格。人能战胜许多高级动物，但常常不能战胜自我的懒惰、畏惧、自私、好名、贪婪、虚荣之心。树立创业精神，实际上是一场发生在内心世界的严肃思想斗争，是战胜自我、超越自我的持久战争。要打赢这场战争，既要有敢于剖析自己的勇气，能对自己内心世界的各种东西进行实事求是地比较、分析、鉴别，又要有必胜的信念，能在实践中进行不断地"自我摈弃""自我锻炼""自我改造"，通过一次次战斗的胜利，逐步发展自我、完善自我。

第三，学习成功创业者的经验。创业者的成功原因是多方面的，他们最根本的经验是解放思想、更新观念、求实创新。成功的创业者都是一些有独立思考能力、有独立人格、有独立思想、有胆有识的志士，他们立足于现实又不满足于现实，努力学习过去的文化成果又不拘泥于已有结论，敢于根据时事的变化挑战自我。正是这种求新求变的思维方式，促使他们在创业道路上节节胜利，硕果累累。

学习、借鉴创业者的经验时要有四心：信心、耐心、诚心、虚心。大学生在消化吸收这些经验的同时，要以创业者为榜样，紧紧把握时代的脉搏，解放思想、更新观念，以全新的精神面对社会、面向未来。

（2）志存高远、立志创业

我国古代把理想称作"志"，诸葛亮在《诫外甥书》中就曾指出，"夫志当存高远"。大学生要树立崇高的理想、坚定的志向和远大的抱负，不做守业者，不当寄生虫，要做创业者。

第一，理想之光、创业火炬。理想，是指人们在实践中形成的具有实现可能的一种追求，是人们的政治立场和世界观在奋斗目标上的表现。正如人们所说，理想是对美好未来的憧憬，是对幸福明天的追求，是照耀人生道路的火炬。

理想决定着一个人前行的方向。天文学家哥白尼在小学期间即曾发誓："我要星空跟人做朋友，让它给海船校正航线，给水手指引航程。"最后，他创立了"日心说"，实现了天文学上的一次伟大的革命。古今中外创业者的成功，无不是首先从确立崇高理想和远大抱负开始的。

第二，立足实际、确定目标。创业者要想获得成功，还要从实际出发，确定科学、合理的目标。目标，即经过努力可达到的境地或标准。而确立目标，要牢牢地把握两个依据：一是要符合社会的需要。目标定得再高，如果脱离了社会的需要，不能适应大多数消费者的物质文化需求，也就不可能得到实现。同时，还要选择符合社会发展趋势的目标，选择目标时要具有前瞻性、先进性，使目标富有生命力。二是要符合创业者个人的条件。初始创业者，面对纷繁复杂的外在世界，切记人贵有自知之明。只有对自己的长处和短处有了明确的了解，才能牢牢把握住创业的航向和前进的速度。只有把符合社会需要的目标同个人所具备的知识、技能和物力、财力有机结合，才是创业成功的保障。

第三，执着追求、锲而不舍。青年大学生走创业之路，从事创业活动，实际就是走前人没有走过的路，涉足未知的世界。没人走过的路必然是布满荆棘、坎坷的，潜伏着难以预测的各种危机。市场经济的客观规律是优胜劣汰，作为竞争者就不能畏惧惊涛骇浪。人只有敢于直面人生考验、善于排除各种艰难险阻，才能达到胜利彼岸。

2. 脚踏实地，艰苦创业

（1）知难而进、敢为人先

"明知山有虎，偏向虎山行"，这是创业者应有的素质和胆略。创业者要闯入未知的原始荒野，虽然那里必然是充满了坎坷、荆棘、泥泞，还会有毒蛇或猛兽，但我们在前进的征途中不能回避。

"天将与之，必先苦之"。卓越的企业家大都具备在逆境里知难而进、百折不挠的品质，以及巧妙地转败为胜、转危为安的智慧和勇气。困难和挫折对于创业者来说是一块垫脚石，是一笔宝贵的财富。无论遇到多大的困难和曲折，只要下定决心，闯过难关，前人没有创造出来的奇迹就可能会被你实现。

怎样才能走出困境、点燃希望呢？

第一，要有知难而进的勇气。任何一个创业者在其创业的征途上都会遇到各种困难，在遇到困难时不退缩、不迟疑、不怕麻烦、迎着困难上，就能想出"让高山低头、叫河水让路"的办法来。

第二，要有坚定的自信心。每个人都想干一番大事业，而且都想早一点获得成功，其必要条件是要有自信心。有了坚定的信心，头脑就会显得格外清晰、灵活，更富有想象力和创造力，就能获得信息、机遇、外援、良好的舆论环境和促进事业成功的氛围。

第三，要有百折不挠的毅力。自古英雄多磨难。古往今来，许多杰出的人物都是经历了种种挫折和考验才成就了大事业。他们的成功与他们敢于同不幸的命运抗争的精神分不开。

创业的过程充满着艰难和险阻。正如马克思所说的"在科学的入口处，必须根绝一切犹豫，这里任何怯懦都无济于事"。因此，创业者在迈出创业的第一步的时候，最需要的是在科学的基础上建立自信和勇气。

（2）勇于探索、科学求实

所谓勇于探索，就是敢于深入调查研究，多方寻求解决疑问的答案。科学求实，就是实事求是，尊重客观规律，凡被实践证明能够正确解决疑问的方法，便是科学的方法。科学是创业成功的基石。

成功者共同的经验凝聚出一条普遍规律，即会想和苦干。会想，就是构思科学方案。首先要敢想，敢于正视现实，又不拘于现实，站稳脚跟，迎接挑战；其次是善想，精练构思，不断分析比较，做到知己知彼；最后要勤想，只有勤于思考，不断质疑，才能发现别人发现不了的问题。创业者只有敢想、善想、勤想，才能够收集、筛选信息，才能够敏捷洞察周围情况的变化，做出符合主观、客观实际的判断。在此基础上选出的方案，才会是一幅具有光明、美好前景的蓝图。苦干，只有苦干才能使蓝图变为现实，因为再好的理想、目标、方案或蓝图都是停留在脑海中、白纸上的，如果仅仅满足于夸夸其谈、纸上谈兵或者是画饼充饥，是注定要失败的。所以苦干首先要实干，就是创业者扑下身子亲自干、带头干，不能开始就想当甩手掌柜；其次是创业者必须下定吃苦的心，不怕苦，不怕累。沿着崎岖小路不断攀登的人，定能达到光明的顶峰。

（3）败而不馁、一往无前

创业过程充满了风险，既有成功也有失败，而且失败的次数往往多于成功的次数。创业者会历尽各种艰难险阻，正确对待失败的心态和坚强的意志才能创造辉煌。

第一，失败具有两重性。从积极作用看，失败能促使人们的认识和行动发生变化。失败的原因可能是过去的一些决策不科学，对一些问题考虑不周全。失败是一面镜子，人们可以从中总结汲取经验和总结教训，转化为以后创业的经验，也可以磨炼创业者的意志，激发创业者的斗志。同时，还可能从失败中找到解决问题的方法，或者发现新的创业契机。从消极作用看，失败往往会给创业者带来心理上的伤痕，使其情绪压抑，自信心受到严重打击，出现焦虑和忧郁的心境，甚至失去创业兴趣、热情、勇气和信心。因此，创业者必须克服这些消极作用。

第二，失败与成功是辩证统一的。每一次失败都是通向成功的台阶。著名科学家钱学森指出："正确的结果，是从大量错误中得出来的，没有大量错误做台阶，也就登不上最后正确结果的高峰。"有志气和有作为的人，并不是因为他们掌握了什么走向成功的秘诀，而是因为他们在失败面前不唉声叹气、不悲观失望。成功与失败并没有绝对不可跨越的界线，成功是失败的尽头，失败是成功的黎明。失败次数越多，成功的机会就越近。成功好似最后一分钟来访的客人。

古人说："靡不有初，鲜克有终。"任何创业目标的实现，均须不断地探索和把握事物的发展规律，以此来规范和调整创业行动。唯有败而不馁、矢志不渝的创业者，才能一往无前。

（4）勤劳节俭、艰苦奋斗

所谓勤劳，就是热爱劳动，自觉自愿地去从事力所能及的劳动。所谓节俭，就是消费有节制，用钱精打细算。这都是中华民族的光荣传统，是办好一切事业的基础。切实坚持勤劳节俭办事业的方针，需要艰苦奋斗，即不怕艰难困苦，能在艰苦的环境中努力工作，绝不退缩逃避。

勤劳节俭、艰苦奋斗的作风，无论是在过去、现在和将来，都是创业成功的法宝，有了这个法宝，创业就有了成功的希望。

3. 以德为本，依法创业

创业者从事商品生产经营，参与市场竞争不是孤立的个人行为，它直接涉及四方面关系：企业内部的关系、与消费者的关系、与其他经营者的关系、同国家社会的关系。正确协调和处理这些关系除了要靠法律规范创业者的行为之外，还要用道德约束控制其行为。

道德是人们的行为规则和规范的总和，是社会用于调整人们共同生活及其行为的准则，它运用善和恶、高尚和低劣、正义和非正义、公正和偏私、诚实和虚伪、荣和辱等观念来约束和评价人们的行为，从而达到调整人们相互关系，保证正常社会生活秩序之目的。

社会主义道德结构包括基本道德、公共道德、家庭道德、职业道德等。随着市场经济的发展，职业道德的地位和作用显得愈发重要。职业道德是一般道德在人们职业生活中的具体体现，是人们履行其本职工作理应遵循的独特行为准则。不同的职业岗位，有不同的职业道德规范。创业者的职业道德主要包括基本规范和行业规范两大内容。其中基本规范为：①遵纪守法，服从管理；②文明经营，热情服务；③爱岗敬业，诚实守信；④货真价实，公平买卖；⑤平等待人，团结互助；⑥诚信经营，依法纳税。行业规范则根据创业者的经营项目不同，可以分为：商业规范、饮食业规范、服务业规范、修理业规范、运输业规范、建筑业规范、手工业规范和文化娱乐业规范等。

创业者在市场经济大环境中，遵守职业道德对其事业的成功、社会的稳定乃至国家的兴旺都有着非常重要的作用。

第一，遵守职业道德是社会生活正常运转的基本保证。社会是由各行各业组成的错综复杂的有机整体。商品经济越发展，社会分工就越细，人与人的联系就越紧密，对每个职业劳动者的道德要求也越高。在现代社会里，人人都是服务对象，又都要为他人服务，社会主义劳动者的关系本质上是彼此服务关系。因此，每个职业劳动者不仅要对其近期微观利益负责，更要对其长期宏观效益负责；既要重视经济效益，又要考虑社会利益；既要对自身利益负责，又要为他人和社会利益负责。努力做到爱岗敬业，公平买卖，热情服务，诚信无欺，只有这样，社会主义新型人际关系才会巩固发展，才能充分显示出社会主义制度的优越性。

第二，遵守职业道德是发展市场经济、实现公平竞争的必要条件。发展市场经济、实现公平竞争对于我们国家来说尤为重要。因为人们的需要和欲望的满足，既是竞争的起因又是竞争的目的，而竞争过程也就是追逐利益实现欲望的过程。在这个过程中，如果没有很强的道德自律，在暴利的诱惑下，人们往往会不择手段地利用假冒伪劣产品和坑蒙拐骗来搞不正当竞争。这必然使守法人吃亏，正直之士遭殃，不仅不能激发人们奋发上进的积极性，反而会使世风日下、治安混乱，阻碍市场经济的健康发展。

第三，遵守职业道德是创业者获得人们理解、尊重、支持、爱戴的重要基础。消费者是企业的衣食父母，企业的兴旺发达任何时候都离不开消费者的信任。因此，维护消费者的合法利益是企业的最高准则。有人认为商业是靠尔虞我诈发展起来的，甚至认为守信用、公平交易是同商品经济相对立的。事实上，在真正的商品活动和市场交易中，最重要的就是守信用。信誉是对守信用的肯定性的道德评价，是企业在消费者心目中建立的良好形象，信誉本身就是一种竞争力。在现代社会中，谁拥有信誉，谁就能获得更多的消费者的信赖；谁试图靠欺骗消费者取胜，谁就会失去信誉，从而难以在商战中立足。

第四，诚实守信是企业发展的加速器。良好的信用状况可以使经济当事人获得发展业务的伙伴，得到低息的贷款和投资资金，扩大商品的销路，是个人和企业的无形资产。美国著名政治家、科学家富兰克林曾说：信用就是金钱。诚信可以帮助企业占领市场并巩固市场，令其获得更多的发展机遇，有助于其塑造名牌创造奇迹。

4. 规范行为，依法创业

法律法规是体现统治阶级的意志，由国家制定和认可，并由国家用强制力量保证实施的行为规范的总和。在社会的各种规范中，法律的强制性最强、权威性最高，是治国安邦的大道。

社会主义市场经济是法治经济，社会主义法治是市场经济持续、健康发展的根本保障。创业者要树立法治观念，自觉用法律法规约束自己，依法办事。把创业的每一步骤都置于法律允许的范围之内，于国于民于己都有十分重要的意义。

第一，依法创业是取得成功的根本之道。我国历来就有无商不奸的说法，似乎经营者不违法乱纪、不坑人害人就富不起来。其实，把利润建立在违法犯罪的基础之上是饮鸩止渴的毁灭之遭。我们要理直气壮地挣钱，光明正大地纳税。

第二，依法创业是在市场长期立足、站稳脚跟的法宝。法律的作用从来都是双向的。对于守法者来说，它是护身的盾牌；对于违法者来说，它是斩妖除魔的无情利刃。个人行为一旦凌驾于法律之上，不仅创业活动会半途夭折，而且自身也会受到法律的严厉制裁。

第三，依法创业是创业者对国家、对社会承担的义不容辞的责任。在现实生活中，每一个创业者随时随地都面临着个人利益与国家社会利益的取向问题。经商发财无可厚非，但是发财本身并不是根本目的。在这个世界上，行行出状元，只要遵循成功的法则，以正当的途径赚钱，金钱是取之不尽、用之不竭的。财富是我们用心智和劳动力去工作、服务他人、贡献社会的结果。一个人或一个企业的价值高低，是看他的财富创造的程度，也就是服务他人、贡献社会的程度来决定的。我国少数创业者不懂得这个道理，为了追求金钱，见利忘义、偷税漏税，以次充好，搞不正当竞争，严重侵害了其他生产经营者、广大消费者的合法权益，扰乱了市场经济秩序，到头来是害人害己，自食恶果。规范行为、依法创业的基本要求是学法和守法。

首先，学法是前提。大学生当前应重点学习和掌握以下几部法律法规：其一，关于规范主体行为方面的法律法规，包括《中华人民共和国公司法》《中华人民共和国民法典》。其二，关于经济、竞争方面的法律法规，包括《中华人民共和国产品质量法》《中华人民共和国消费者权益法》《中华人民共和国反不正当竞争法》《中华人民共和国环境保护法》《中华人民共和国合同法》《中华人民共和国票据法》《中华人民共和国商标法》。其三，关于经济监督方面的法律法规，包括《中华人民共和国会计法》《中华人民共和国审计法》《中华人民共和国税法》。创业者通过学法深刻理解各项法律法规的精神实质，牢固地树立依法经营观念、公平竞争观念、诚实守信观念、依法纳税观念，使自己的创业活动有法可依，有章可循。

其次，守法是关键。守法是指人们自觉地遵循法律法规，依法办事。法律是人制定的，但又要人去执行与遵守。如果法律制定出来人们却不能自觉遵守，使得令不能行、禁不能止，那么法就成了一纸空文。一个创业者必须懂得，法本身是社会政治经济的产物，具有惩戒和保护功能，既惩戒违法犯罪行为，又保护每一个公民的合法权利不受侵犯，是维护社会秩序的最有效的手段。遵纪守法，依法创业，事业才会蒸蒸日上，才能有远大光明的前途。

5. 自主自信，自强自立

创业精神是创业者进行创业实践的灵魂和支柱，是开创新生活、追求美好明天的精神信念。对即将步入社会的大学生来讲，培养创业精神要做到"四自"，即自主、自信、自强、自立。

（1）自主

自主就是具有独立的人格，具有独立性思维能力，不受传统和世俗偏见的束缚，不受舆论和环境的影响，能自己选择自己的道路，善于设计和规划自己的未来，并采取相应的行动。自主还要有远见、有敢为人先的胆略和实事求是的科学态度，能把握住自己的航向，直至到达成功的彼岸。自主还应是一种主动的生存方式，以这样的态度对待自己的人生，人生就能呈现出耀眼的色彩，就能创造出新的事物、新的方法、新的技术、新的思路、新的产品、新的外部世界，而且还能不断丰富自己的内在精神世界，创造新的生命历程。

（2）自信

自信就是对自己充满信心，对生活充满信心，相信自己有能力、有条件去开创自己未来的事业。自信给予人主动积极的人生态度和进取精神，不依赖父母，不等待国家和社会安排，相信自己能够成为创业的成功者，尤其在遇到失败和挫折时更需要自信，认输却不服输，承认失败却不甘心失败，这正是自信的力量。因此，我们要始终坚持"我能行""我能做""我可以干好"等信念。

（3）自强

自强就是通过创业的实践，不断增长自己各方面的能力，进一步磨炼自己的意志，建立起自己的形象，敢说敢当，敢作敢为，不贪图眼前的利益，不依恋平淡的生活，永远进取，使自己成为强者。

（4）自立

自立是凭自己的头脑和双手，凭借自己的智慧和才能，凭借自己的努力和奋斗，建立起自己生活和事业的基础。当代大学生应该早立志向，自谋职业，勤劳致富，创立起自己的事业。

（三）创业精神的培养路径

建立一个企业十分烦琐，而维持一个企业的生存更是一个漫长的历程。作为一个初次创业者，到底应该从哪里入手，才可以把一个企业建立起来并且经营成功呢？这是每一个将要开始创业之旅的人面临的共同问题。

创业既是一种能力的展现，也是一种精神的体现。如果说资金和项目对创业者非常重要的话，那是否具有创业精神，则是更为核心的问题。创业者的自身素质也是决定创业成败的关键，而创业者的素质和能力，包括创业者的创业精神，都是可以培养和提高的。

创业精神不是天生具有的。因此，大学生应从如下几个方面培养自己的创业精神。

1. 激发创业欲望

欲望是一种精神动力，它能激励人们为实现一定的目标而奋斗。欲望是火焰，是意志的源泉。欲望也是一种潜能，不可能自发迸出，必须借助外界的刺激。刺激的程度越强，欲望就越强烈；刺激的次数越多，欲望的持久性越长。有的人终生都难以激发起创业的欲望，而有的人仅凭借一个偶然的机会、偶然的事件，就能触动其创业灵敏神经，激发其创业的欲望。

创业欲望需要刺激才能迸发。但正如机遇只垂青有准备的头脑一样，创业的刺激只对那些立志创业、准备创业的人才能奏效。创业者必须拥有强烈的事业心和社会责任感，必须有永远进取、永不满足的奋斗精神和生命不息、战斗不止的献身精神，才能不失时机地抓住每个属于自己的创业契机，创造一番壮丽的事业，谱写自己辉煌的人生。

2. 树立创业信心

（1）时刻想着自己能成功。为了取得成功，你必须在困难中"看到"你自己取得成功后的形象，在脑海中想象你充满欣喜地开展一项富有挑战性的工作时的形象。这种积极的自我形象在心中呈现，就会成为潜意识的一个组成部分，从而引导你走向成功。

（2）多寻益友。最能增强你良好自我形象感的途径，是让自己感到生活中充满爱，而这需要你通过努力去实现。向他人奉献你的爱，你就会得到他人的爱。

（3）投入到工作中去。你必须找到自己工作的位置，这需要你具备知识、才智、技巧，还需要成熟的心理，不能因为别人轻易成功而感到气馁。

（4）不要为别人的期待而活着。不要错把别人的期待看作沉重的包袱。能真正认识自己的只有你自己，要凭借知识、经验和直觉去寻找你的位置。

（5）始终想着自己的长处。当你认识到自己的自我价值，树立起了自信，有了积极的自我形象感，你就会积极进取，充分挖掘自己潜在的聪明才智，如此一来，成功于你而言就是等待一次机会。

3. 着手创业实践

要在实践中进行创业精神的培育。我们在大学和社区的创业培训实践中发现，真正去创建一个公司毫无疑问是学习创业、培养学生创业精神无可替代的、最好的学习方法。但是，在学校里如果让学生真的去开公司，则需要具备一定的客观条件。因此，我们不妨把创业者身上最重要的创业精神、创新意识等品质提炼出来，用案例教学法、模拟情景教学法、项目教学法去给学生创造学习的环境，指导他们实践。

三、大学生创业者的特质与素养

（一）个人创业潜质的判别

1. 认识自己

开始创业前，创业者首先必须明确自己目前的实际情况：我的处境如何？我的缺点和优点是什么？

（1）人贵有自知之明。每个人都应该正确认识自己，人无完人，每个人都有自己的长处和短处。尺有所短，寸有所长，只有真正了解自己的优点和缺点，知道自己适合做什么，才能扬长避短，充分发挥自己的潜能。

（2）扬长避短是成功的捷径。每个人都有其优势所在，而自己最大的成长空间，就在其最强的领域，只要善于发现和发挥优势，必能技压群雄、脱颖而出。

（3）有自信才会成功。人的一生所达到的高度，不会超过自己自信可以达到的高度。如果拿破仑认为他的部队攀不过阿尔卑斯山，那么他的部队就永远也不可能攀过阿尔卑斯山。创业者必须有坚定的信心，才可以实现梦想的目标。自信是创业者走向成功必备的心态。"自信者不疑人，人亦信之；自疑者不信人，人亦疑之。"若创业者对自己创业的能力和企业的未来充满信心，别人也会相信他，愿意和他共同奋斗。而一个不自信的创业者，是不会给别人带来信心的。

（4）找到优势就找到了信心。美国盖洛普公司前董事长唐纳德克里夫顿博士说过：从成功心理学角度来看，一个人是否成功，主要取决于他能否最大限度地发挥自己的优势。每个人自我价值的实现都来源于对自身价值的认定，而人的自信来源于自己的优势。可见，正确地认识自己，在人的一生中有多么重要。找到了自己的优势，就找到了自己的信心。

2. 评估个人创业潜质

下列各题均有四个选择，请在符合你实际情况的小括号内填上 A、B、C、D。答案 A 表示"是"，B 表示"多数情况"，C 表示"很少发生"，D 表示"从不"。

（1）在急需做出决策的时候，你是否在想："再让我考虑一下吧！"

（　）

（2）你是否为自己的优柔寡断找借口说："是得慎重考虑，怎能轻易下结论呢？"　（　）

（3）你是否为避免冒犯某个或某几个有相当实力的客户，而有意回避一些关键性的问题甚至表现得曲意逢迎呢？　（　）

（4）你是否已经有了很多写报告用的参考资料，但仍责令下属部门继续提供资料？　（　）

（5）你处理往来函件时，是否读完就扔进文件框，不采取任何措施？

（　）

（6）你是否无论遇到什么紧急任务，都优先处理琐碎的日常事务？

（　）

（7）你只有在巨大的压力下才肯承担重任吗？　（　）

（8）你是否无力抵御或预防妨碍你完成重要任务的干扰与危机？（　）

（9）你在决定重要的行动计划时经常忽视其后果吗？　（　）

（10）当你需要作出可能不得人心的决策时，是否会找借口逃避而不敢面对？　（　）

（11）你是否总是在快下班时才发现有要紧事没办，只好晚上回家加班？ （ ）

（12）你是否因不愿承担艰巨任务而寻找各种借口？ （ ）

（13）你是否常来不及躲避或预防困难情形的发生？ （ ）

（14）你是否总是拐弯抹角地宣布可能得罪他人的决定？ （ ）

（15）你是否喜欢让别人替你做自己不愿做的事吗？ （ ）

计分方法：

答案：A 计 4 分，B 计 3 分，C 计 2 分，D 计 1 分

测试结果：

50~60 分：说明你的个人素质与创业者相差甚远；

40~49 分：说明你不算勤勉，应彻底改变拖沓、效率低的缺点，否则创业对你而言只是一句空话；

30~39 分：说明你大多数情况下充满自信，但有时也会犹豫不决，不过没关系，有时候犹豫是成熟、稳重和深思熟虑的表现；

15~29 分：说明你是一个高效率的决策者和管理者，更是一个成功的创业者，具有良好的心理素质和坚韧不拔的毅力。

四、创业者应具备的知识结构和能力结构

（一）创业者应具备的知识结构

创业者的知识素质对创业起着举足轻重的作用。在知识大爆炸、竞争日益激烈的今天，单凭热情、勇气、经验或只有单一专业知识，要想成功创业是很困难的。创业者要进行创造性思维，要做出正确决策，必须掌握广博的知识，具有一专多能的合理的知识结构。

知识结构是指一个人经过专门学习培训后所拥有的知识体系的构成情况与结合方式。所谓合理的知识结构，就是既有精深的专门知识，又有广博的知识面，具有事业发展实际需要的最合理、最优化的知识体系。合理的知识结构是实现创业目标的必要条件，是个人事业发展的基础。

创业者应该具有扎实的专业基础和完善的知识结构。创业者的专业知识对于创业者确定创业目标及成功创业有直接作用。除此之外还应该掌握与经营管理相关的非专业知识。

具体来说，创业者应该具有以下几方面的知识。

（1）政策法律法规。理解法律与政策的内涵和意义，做到用足、用活政策，依法行事，用法律维护自己的合法权益。

（2）经营管理知识和方法。科学的经营管理知识和方法，可以提高管理水平。

（3）与本行业、本企业相关的科学技术知识。科技知识可以增强创业者的竞争能力。

（4）市场经济方面的知识。如市场营销、财务会计、财政金融、国际贸易等知识。

（5）世界历史、世界地理、社会生活、文学、艺术等人文素养方面的知识。

创业者应该在事业起步之前就建立起合理的知识结构，培养科学的思维方式，提高自己的实用技能，以适应创业的要求。

（二）创业者应具备的能力结构

能力结构是指一个人所具备的能力类型及各类能力的有机组合。每个人所具备的能力结构是不同的，从不同角度或不同层面，可以将能力划分为不同的类型。其中，创业能力是指创业者完成创业所必须具备的能力，它是在知识、经验、技能的基础上形成的。创业者仅有创业激情是不够的，还必须有足够的创业能力，否则很难取得成功。所以说创业能力是创业的必要素质。

创业者应至少具有以下能力：

（1）创新能力。创新能力是指能够提出新观点、新办法来创造性地解决现实问题的能力。

（2）分析决策能力。分析决策能力是指通过对企业所面临形势的分析，对企业的发展方向和问题的解决方法等方面做出决断的综合性能力。

（3）预见能力。预见能力是指创业者根据当前经济发展或企业生存环境等方面的发展特点、方向、趋势所进行的预测、推理的一种思维能力，是思维能动性的表现，是创业能力的重要方面。

（4）应变能力。应变能力是指创业者在外界环境和事物发生改变时，能够做出正确的反应和决策的能力。

（5）用人能力。要想成为一名成功的创业者，必须有一套自己的"管人用人"能力。

（6）组织协调能力。组织协调能力是指根据工作任务，对资源进行分配，同时控制、激励和协调群体，使之相互融合，从而实现组织目标的能力。

（7）沟通能力。沟通能力是指与他人进行有效交流的能力。

（8）激励能力。激励能力是指依据人的行为活动规律，采取有效的方法，充分调动和发挥人的工作积极性的能力。

创业能力是以智力活动为核心的能力。但同时它也具有很强的社会实践性，是与创业实践活动紧密相连的。创业能力的强弱，决定了创业实践活动效率的高低。反过来，创业实践活动又可以促成创业能力的形成和发展，只有在创业实践活动中，通过完成各项艰巨而富有挑战性的工作，才能激发个体的创业能力，使其充分发挥作用。因此，并不是要求创业者必须完全具备以上这些素质才能去创业，但创业者本人要有不断提高自身素质的自觉和实际行动。提高素质的途径有两种，一是靠学习，二是靠改造。要想成为一个成功的创业者，就要做一个终身学习者和自我改造者。

五、创业素养的培养

（一）构建以培养大学生创业能力为核心的教学体系

高等学校针对大学生创业专业能力、经营管理能力、综合能力的培养需求，设置课程，使学生熟悉并掌握有关创办及管理企业的理论知识和操作技能。高等学校通过定期或不定期的讲座、报告等方式普及创业理论、实践知识，以及展示创业能力培养的新动态，丰富学生的创业学识，使其了解创业的真实内涵和体系，为大学生创业者提供交流、沟通和学习的平台。同时，高等学校组建有实力的创业师资队伍。一方面，组建专业的创业能力培训教师队伍对学生进行教学；另一方面，聘请创业成功人士、科研人员担任高校创业导师，让他们给学生分享、交流创业经验，直接指导学生创业实践。

（二）夯实专业知识

当今社会，一切均在不断地发展变化之中，而且发展变化的速度在不断加快。大学生要想适应世界变化，跟上时代的步伐，必须努力学习。大学生除了要学习一些必要的公共知识外，还要学习专业知识，因为专业能力是一个成功者必须具备的能力。随着社会的进步和科学的发展，现代社会对人才要求越来越高。在大学教育逐步变成大众化教育的背景下，大学生只有更好地掌握专业知识，真正做到学以致用，才能更好地发挥自己的特长，为毕生后的发展打下扎实的基础。高等学校要更加注重培养大学生自己获得知识的能力。广大学生要在努力学习专业知识、增强综合素质的同时，培养自己的综合技能，学习包括专业知识、英语、汉语语言的表达和写作等能力，以及其他的工具性的科学技术知识，为创新精神的培养夯实专业理论知识基础。

（三）培养大学生自我创业能力

首先，科学客观地评价自我。创业是一项没有固定模式的自主创新活动，大学生必须通过广泛学习，科学客观地进行自我分析评估，通过合理的职业生涯规划等途径对自身进行准确定位，明确自身的创业需求、目标与方向，为自己创业目标的实现做好充分的准备。这也是大学生创业者自我创业能力培养的前提条件。

其次，保护大学生兴趣爱好。兴趣反映着个体的某种需求，是人从事创造活动的驱动力。兴趣可以使人集中注意力于其所从事的创造性活动，甚至可以使其持之以恒地专注于某项工作，并为之付出毕生的精力。充满兴趣和好奇心的人，面对任何未知的问题和领域都不会无动于衷，总是保有强烈的探索冲动。创新精神与兴趣爱好是密不可分的，创新过程能让人产生无穷的兴趣，兴趣又能激发人的创造精神。高等学校要在教育教学过程中，切实保护大学生的兴趣和好奇心，采取积极有效的措施，引导大学生的兴趣爱好健康发展，使之成为培养大学生创新精神的内在动力。广大学生要通过课程学习、社会实践、社团活动等方式，培养广泛的兴趣爱好，发展自己的特长。

再次，发挥主观能动性，在实践中提升创业能力。创业能力中的专业能力、经营管理能力主要属于显性知识，可以从书本上、课堂上习得，而对于创业最为关键的综合能力、创新能力、机会把握能力、人际交往能力等主要属于隐性知识，往往"只可意会不可言传"。大学生创业者们只有积极参加各类创业实践活动，充分发挥主观能动性，在实践中学习，在学习中提升，不断完善自己，才能实现这些能力和素质的提高。

最后，树立终身学习的理念，不断提升综合素质能力，实现自我成长。创业是一项长期而艰巨的创新活动，创业能力更是一项需要不断提升的能力，因此，大学生创业者要树立终身学习的理念，充分利用多元化的学习工具与渠道，有效掌握各类创业信息和资源，在实践中不断提升自身的综合能力，最终实现个人的成长。

（四）注重创业实践，营造良好氛围

实践出真知。要使大学生在观念上变革，就必须以实践作为大学生创业意识和创业能力孕育的重要环节，强化大学生竞争意识，进而使其萌发创业意识，走上自主创业的道路。通过实践环节激发大学生创业意识的做法多种多样，其中最基本的就是以引导大学生自主参与为前提，以锻炼大学生的专业能力、创业能力为特征的国家级、省级、校级等各级大学生创业计划大赛，这类大赛是培养大学生创业意识的良好途径。通过这些比赛，不仅可以让大学生掌握更多的技能，进一步培养大学生的团队精神，还能让大学生对创业过程进行全面的理论阐述，让更多的大学生明白专业知识学习与专业实践相结合的重大意义，促进大学生学习积极性的高涨。建立大学生创业实践基地，也是培养大学生创业意识的重要途径。通过政府、学校等为学生建立实体化的创业公司或创业团队，并开展创业实践活动，这样使参与创业实践活动的大学生一展身手，感受创业氛围，产生创业激情。高等学校还可以发挥学生社团的作用，在学校宏观调控下，给学生社团更大的活动空间，让大学生在兴趣特长与专业知识之间找到恰当的结合点，认识到创业的社会责任。

（五）塑造优良品格

创新者是独立的，它是以良好的个性为基础的。社会的发展要求大学生具有良好的个性、优良的品格。独立的个性特征有助于培养大学生的创新精神，促进大学生的全面发展。优良品格的塑造，首先要确立主体意识。确立主体意识，意味着对自身存在的价值即个人生命价值的肯定，意味着对自我本质的占有与掌握，意味着人的主体能动性、选择性和创造性的发挥。其次要培养独立人格。独立个性的养成，意味着对法律的、道德的权利与义务的确认与恪守。最后要发展个性才能。培养和发展个性才能，可以最有效地、最大限度地开发一个人的个性潜能。高等学校要针对目前大学生缺乏自信的状况，教育大学生懂得实践出真知的道理，让其敢于突破传统、挑战权威，积极探索新领域、新问题。广大学生要突破心理障碍和思维定式，塑造出具有怀疑精神、求实精神、自信心、好奇心的品格，并且勤奋刻苦、坚韧不拔，不断寻求新的发现，努力达成独特的成就。

第三编
实践指导

第七章　创业准备指导

一、创业路径

在创业模式各异、创业路径多样的今天，选择什么样的创业路径是能否取得创业成功的关键。大学生作为特殊的创业者，在选择创业路径时应当遵循什么原则呢？从现实看，所有的创业模式和路径只有结合自身特点才具有可操作性。

（一）创业模式

大学生创业较常见的模式主要有网络创业、加盟创业、兼职创业、团队创业、无店铺经营创业等。

1. 网络创业

网络购物已经成为当代社会的主流消费方式，人们已经逐渐习惯通过互联网实现购物需求，无须离开家门，即可享受便捷的购物体验。这种电子商务的兴起满足了现代人"宅"的需求的同时，也为广大年轻人提供了创业的机会和基础。

所谓网络创业就是利用网络资源进行创业。其形式主要有以下三种：

一是网上开店，即自行在网上注册成立网络商店，销售自己选定的产品。随着新媒体、新应用的不断涌现，网上开店还拓展到了更多、更宽的平台，如微信上的微店，利用朋友圈强大的人脉资源及零成本的推广优势，现正如火如荼地发展着。

二是网上加盟，即以某个电子商务网站门店的形式，利用母网站的货源和销售渠道开展经营。如经营者通过加盟淘宝网这一网上销售和服务平台，获取淘宝的销售渠道和客户资源。除了淘宝，现在很多大型电商都可以加盟开网店，如天猫商城、京东商城、当当网、亚马逊、1 号店、苏宁易购、国美商城等。

三是网络服务，即利用互联网强大的客户资源，通过为广大网民提供某种服务从而获得利益的经营模式。

网络创业的优势在于该创业模式的成本较低、风险较小、方式灵活，且创业门槛也不高。进行网络创业时所需的资源投入，也许仅需一台电脑+ADSL+虚拟主机+一个小房间。这种创业模式非常适合在校大学生、技术人员、海归人员、上班族及初涉商海的创业者等。

2. 加盟创业

加盟创业是指创业者以合同形式从盟主企业那里获得加盟店经销权或营业权。其最大的特点是可利用盟主的金字招牌和现有市场实现利益共享、风险共担。这种创业模式可复制，所以创业难度相对较低。加盟者只需支付一定的费用，包括加盟费、利润比值等，就可以站在"巨人"肩膀上。加盟者通过加盟可以得到一个成熟品牌的使用权，可以获得管理和技术方面的支持，同时也可以获得广告的帮助，极大地降低了创业失败的风险。因为加盟的品牌是经过市场验证的，这就表示该品牌的商业模式是可行的。

当然，加盟创业并不是没有风险的，如今的加盟企业数量众多而且鱼龙混杂，甚至存在一些带有诈骗性质的加盟企业。"麦哈姆"特许经营项目就是一个很典型的案例："麦哈姆"打出有诱惑力的广告，称自己为国际知名品牌，宣称"加盟一家成功一家"，使得 30 多位创业者被骗加入，而实际上"麦哈姆"连基本的工商注册都未办理。因此，选择加盟企业，应当先看到其中的风险，不要急功近利。投资者在加盟前一定要睁大眼睛，不要过分相信加盟总部所提供的报表、数据及分析资料，不要以为自己会稳赚不赔，要做好详细的计划书，明确自己准备投入多少资金，每月预期收入、获利多少，总投资预期什么时候可以收回。计划书做得越详细越有利于规避风险。

3. 兼职创业

兼职创业是指在学习、工作之余利用日常积累的商业资源和人脉关系进行创业。这种创业模式一方面可以使创业者利用业余时间积累创业经验，另一方面可以使有志创业的大学生逐步实现从学生向老板的转变。

该类创业模式较适合有创业梦想的大学生、白领、有一定商业资源的在职人士等。兼职创业如果能借助创业者所学专业知识或其他优势资源，定会收到事半功倍的效果。

4. 团队创业

团队创业是相对于个人创业而言的，团队成员往往在研发、技术、市场、融资等各方面能够实现优势互补，汇集群体的智慧和力量的创业更容易获得成功。正所谓众人拾柴火焰高，一个优秀的创业团队是创业成功的重要保障。

在硅谷流传着一个"规则"：由 MBA 和 MIT 博士组成的创业团队，几乎就是获得风险投资的保证。这种创业模式适合于具有凝聚力、互补性的团队成员。

5. 无店铺经营创业

无店铺经营创业泛指创业者没有固定的店面或者是在不属于自己的店面里开展经营活动。无店铺经营创业的运营成本较低，其提供的商品或服务价格更具竞争力，从而使创业者能够拥有较大的利润空间。

在家创业是一种典型的无店铺经营创业。在家创业，也称 SOHO，起源于 20 世纪 80 年代中后期的美国，然后迅速风靡全球。在家创业者一般具备以下特点：懂技术、有文化、有志向、有商业头脑、渴望自由、有良好的组织性。在家创业者一般是脑力劳动者或服务提供者，他们受雇于自己，由自己支配时间和安排工作。

个人工作室也是无店铺经营创业的一种形式，属于个人低成本创业。根据服务内容的不同，这类创业可分为以下几类：①创意类：以创意设想或才艺展示为主，如撰稿、音乐创作、摄影、绘画等。②技术类：主要提供技术服务，如软件设计、网页设计、系统维护、翻译等。③咨询类：主要提供企业策划、公关等咨询服务。工作室创业模式虽然不需要很高的创业成本，但对创业者有较高的专业技术能力要求，并不适用于所有人。

钟点公司是无店铺经营创业的另一种形式。最近几年，国内的钟点工市场渐成气候，需求行情不断看涨，这为钟点公司提供了广阔的发展空间。有意涉足这一领域的创业者可关注以下 3 个方向：①钟点秘书公司：主要为小型企业、个人提供文档整理、电话接听等服务。②钟点清洁公司：主要为企业或家庭提供清洁服务。③钟点家政公司：主要为家庭提供保姆、厨师、园丁等。

（二）创业热点

美国大趋势研究学家费斯·伯克恩说："创造趋势的人必须认识未来。"创业者只有登高望远、放眼未来，才能把握未来的发展趋势，创造出符合时代潮流的产品。创业机会并不是一眼就可发现的，一些普遍的市场规律可给创业者带来启发，但是潜在的创业机会则需要创业者把握大势后，通过认真仔细的调查分析才能显现出来。部分创业机会尽管当时也许会觉得不合时宜，但它未必在将来不会成为市场和消费的发展潮流。创业者不要以为创业投资一定要符合当时人们的思维方式，也许"冷门""旁门"的创业能赢得一个崭新的未来。

在当前的经济形势下，大学生可重点关注的创业热点有以下几个方面。

1. 绿色生态餐饮经济

由于环境污染和食品安全问题日益严峻，人们愈发重视身体健康，对餐饮生活的品质要求也越来越高，所以绿色环保健康食品日益成为人们生活消费的主流。人们对低碳生活、绿色消费的追求，蕴含着巨大的商机。

其创业机会主要有：绿色食品的生产与开发、净菜销售、药膳馆、天然饮食、野菜馆、素菜馆等。

2. 网络信息拇指经济

中国现有超过12亿手机用户，且这一数字每年还在持续增长。从早期黑白文字的短信，到如今图文并茂的彩信、彩绘、移动网址，拇指经济创造了一个又一个市场奇迹。如今许多海外公司纷纷进入我国移动通信领域进行风险投资，大大增加了我国网络信息技术领域的投资空间，网络信息拇指经济市场前景十分广阔。

其创业机会主要有：短视频创作、手机音乐制作、手机游戏设计、表情包制作、网页制作等。

3. 汽车产业经济

汽车产业经济涵盖面广，商机较多，从汽车导购、维修、保养、美容、年检、保险、防盗、安全，到个性化装修、二手车交易等多个领域，都存在创业的机会。随着"家电下乡"政策的落实，国家对汽车消费的政策支持不断加大，我国汽车领域的经济效能更加巨大，汽车行业带动国民消费和国民经济发展的作用愈加明显，其所影响和带动的产业链也越来越多。业内人士介绍，汽车美容、车内装饰、汽车维修等方面的投资额大概为 5 万元~25 万元，非常适合创业者投资。

其创业机会主要有：汽车清洗与净化、汽车维修与保养、汽车防盗与安全、车内装修、汽车节能、二手车交易、停车服务等。

4. 旅游产业链经济

随着我国居民收入的增长，旅游已成为现代服务业中蓬勃发展的新兴产业。如今，入境游、国内游、出境游三大市场全面发展，特别是节假日旅游市场更是旺盛，旅游业逐渐成为许多地方的重要产业。旅游业的发展催生了诸多的商机，除了旅游用品销售、特色旅游服务、经济型酒店经营等外，也出现了旅游信息搜索与咨询、自助游经营等新方式。

旅游产业链的创业方向主要有：旅游用品开发、旅游咨询服务、自助游俱乐部经营、旅游纪念品销售、旅游网站经营、经济型连锁酒店经营等。

5. 大学城经济

现在大学招生人数较多，在许多城市，一些大学聚集在一起产生了大学城经济，大学城内的几万或几十万个学生的衣食住行、吃喝玩乐、求职就业等各方面，都蕴藏着巨大的经济发展潜力。这也正是许多大学城商业繁荣、人气旺盛的重要原因所在。

其创业方向主要有：书吧、茶吧、网吧、鲜花店、快餐店、服装服饰店、文化用品店、动漫娱乐室、风味小吃与旅馆服务、求职简历与毕业论文制作中心、手机与数码产品销售等。

6. 创意经济

创意经济涉及广告、建筑、艺术、工业设计、时装设计、电影、电视、音乐、出版、软件等诸多领域。近年来，北京、上海、广州、深圳等城市的创意产业迅速崛起，涌现出了一批各具特色的创意产业基地。创意经济具有点石成金的神奇作用，对于本身没有太多资源的创业者来说，可通过独特的创意来获得各种资源，包括人才、资金、资讯等。许多在校学生有专业基础知识、开放的思维和独立的个性，很适宜这种创业方式。

创意经济的创业方向主要有：时装设计、广告设计、饰品设计、室内设计、工业设计、多媒体设计、市场策划、营销策划、艺术画廊、博客网站等。

7. 个性化经济

在当今这个生活多元化的时代，青年人尤其喜欢标新立异、突出个性、追求独特新颖的商品，以满足其个性化的心理需求，这就给创业者提供了商机。消费者在购买这类商品时，主要追求的并不是其本身价值，而是商品的设计、包装、花色、款式，以及其他能给消费者心理带来愉悦、快乐的因素。因此其卖点不是产品本身，而是产品的创意制作过程。

个性化经济的创业机会主要有：陶吧、银饰吧、十字绣小屋、纸艺店、家装陈列店、手工玩具店、毛绒编制吧、水晶花作坊、娱乐屋等。

8. 宠物经济

随着人们生活水平的提高、休息时间的增多，饲养宠物之风日盛。宠物因其真实、真诚、可爱和通人性的特质已进入人们的精神领域，成为人们生活中不可缺少的家庭成员。随着宠物市场的不断扩大，宠物饲养、宠物服务、宠物医疗、宠物交友等产业正在形成庞大的宠物经济产业链。

围绕小猫小狗形成的产业已成为新的创业亮点，其创业机会主要有：宠物医院、宠物美容、宠物托管、宠物服饰、宠物俱乐部、宠物网站等。

9. 经纪人经济

随着现代网络通信技术的不断发展，一些利用新传媒、新移动通信、网络等进行业务代理的个人商业行为应运而生。这种经纪人职业已经逐渐为人们所重视，经纪人经济日益繁荣，相关商机也日益显露。

其创业机会主要有：求职经纪人、创业经纪人、融资经纪人、品牌商标经纪人、认证经纪人、申报国家项目经纪人、中外合作经纪人、猎头公司等。

二、创业机会

（一）创业机会概述

1. 创业机会的内涵与构成要素

创业机会是指一组有利于创业活动的条件形成的情况。这组条件至少包含如下四个要素：

第一，某个细分市场存在或新形成了某种持续性需求。

第二，拟创业者开发或持有有助于满足前述市场需求的创意。

第三，创业者有能力、有资源实施所持有的创意。

第四，创业者将自己的创意转变为具体的产品或服务时，仅需要小规模的资金（轻资产）和团队（小团队）。

当这四个要素都得到满足之时，才可认为客观上存在或形成了某种创业机会。

创业者不能简单地将所有商机当作创业机会。如果这种商机是不可持续的，而是昙花一现的，可能创业者还没有开始行动，这样的商机就已经消失了。针对特定的商机，创业者如果不能开发出与之匹配的创意，这样的商机也不能被视为创业机会，因为既无创意，何谈创业。

如果创业者能够开发出与特定市场需求相匹配的创意，但实施相应的创意需要较大规模的资金（重资产）和团队（大团队），则这样的商机也不能被视为创业机会。因为创业者创业初期，大多缺少资金和追随者。需要重资产、大团队的商机，适合规模达到一定阈值的企业的商机，创业者如硬要跟进这样的商机，往往会溃败而归。

2. 创业机会的特征

创业学的先驱 Timmons 认为，创业机会具有吸引力、持久性和实时性特征，并且可以为购买者或者使用者创造或增加使用价值的产品和服务。

（1）吸引力

创业者所选择的行业，即创业者所要提供的产品和服务，对于消费者来说应该是具有吸引力的，消费者愿意消费该产品和服务。

（2）持久性

创业机会应当具有持久性，能够得到进一步的发展。具体来说，市场能够提供足够的时间使创业者对创业机会进行开发。创业者进行创业机会分析时，应把握创业机会的这一特征，以免浪费资源和精力。

（3）适时性

适时性与持久性是相对的。创业机会存在于某个时间段，在这个时间段进入该产业是最佳时机，这样一个时间段被称作"机会窗口"。换句话说，创业机会具有易逝性或时效性，它只存在于一定的空间和时间范围内，随着市场及其他创业环境的变化，创业机会很可能消失和流失。

（4）为顾客带来价值

创业机会来源于创意，创意是创业机会的最初状态。创意是一种新思维或者新方法，是一种模糊的机会。如果这种模糊的机会能为企业和顾客带来价值，那么它就有可能转化为创业机会。

3. 创业机会的来源

好的创业机会，必然具有特定的市场定位，专注于满足顾客需求，并能创造出为顾客带来价值提升的产品或服务。创业需要机会的发掘，创业难，发掘创业机会更难。要想寻找到合适的创业机会，需要了解机会的来源。

（1）新技术

每一次科学技术的进步都会带来无数的创业机会，每一项新科技都伴随着行业甚至环境的变化衍生出无数的机遇。互联网、计算机技术、大数据、云技术等都带来了巨大的机会，无数的创业者从中发掘商机和机遇。

（2）新产品或新服务

新产品或新服务能满足顾客的新需求或者解决顾客的新问题。其中，有的产品与服务与技术相关，是技术革命带来的变化，有的则与技术没有直接关系。产品和服务在某种程度上是无法割裂的，产品需要服务在售前、售中、售后提供支持，服务则需要产品来支撑。

（3）新模式

从终端门店到代理商、批发商，从个性化定制到流程、产品服务标准化等，每一个新模式的出现都伴随着巨大的市场机会。新模式可以从一个公司应用到另一个公司，甚至可以从一个行业跨越到另一个行业，从一种产品复制到另一种产品，新模式也是创业者在把握机会时需要考虑的重要因素。

（4）新管理

从垂直走向扁平的组织结构，是管理模式的一种变革，能缩短汇报沟通渠道，降低企业的信息成本，提高企业的效率。管理模式的创新也增加了相关的创业机会。无论是对供应商、顾客、合作伙伴、相关利益者，都会带来与传统管理模式相区别的创业机会。企业的管理不仅涉及内部的管理，也涉及外部的管理，从单店经营到加盟连锁、特许经营等，无一不是社会发展中出现的创业机会。在新的管理模式下，谁有最灵敏的商业嗅觉谁就能抢占商机，提升创业成功的概率。

（二）开发创业机会

1. 着眼于问题把握机会

机会并不意味着无须付出代价就能获得，许多成功的企业都是从解决问题起步的。所谓问题，就是现实与理想的差距。比如，顾客需求在没有满足之前就是问题，而设法满足了顾客的需求，就抓住了市场机会。美国

"牛仔大王"李维斯的故事多年来为人津津乐道。19世纪50年代，李维斯像许多年轻人一样，带着发财梦前往美国西部淘金，途中一条大河拦住了他的去路，但他却从中发现了商机，李维斯设法租船，做起了摆渡生意，赚了不少钱。到了矿场，李维斯发现，由于采矿工作出汗多，饮用水紧张，于是，当别人采矿时他卖水，又赚了不少钱。李维斯还发现，由于经常跪地采矿，许多淘金者裤子的膝盖部分容易磨破，而矿区有许多被人丢掉的帆布帐篷，他就把这些旧帐篷收集起来洗干净，做成裤子销售，"牛仔裤"就这样诞生了。李维斯将问题当作机会，最终实现了他的财富梦想。

2. 利用变化把握机会

变化中常常蕴藏着无限商机，许多创业机会源于不断变化的市场环境。环境变化将带来产业结构调整、消费结构升级、思想观念转变、政府政策变化及居民收入水平提高等。透过这些变化，人们能发现新的机会。例如，随着私人轿车数量的不断增加，将催生汽车销售、修理、配件、清洁、装潢、二手车交易、陪驾等诸多创业机会。任何变化都可能催生新的创业机会，需要创业者凭着自己敏锐的嗅觉去发现和创造。许多很好的商业机会并不是突然出现的，而是对"先知先觉者"的一种回报。聪明的创业者往往选择在最佳时机进入市场，当市场需求爆发时，他已经蓄势待发。

3. 跟踪技术创新把握机会

世界产业发展的历史告诉人们，几乎每一个新兴产业的形成和发展，都是技术创新的结果。产业的变更或产品的替代，既满足了顾客需求，同时也带来了前所未有的创业机会。比如，计算机诞生后，软件开发、计算机维修、图文制作、信息服务、网上开店等创业机会随之而来。任何产品的市场都有其生命周期，产品会不断趋于饱和达到成熟直至走向衰退，最终被新产品所替代。创业者如果能够紧跟产业发展和产品迭代的步伐，通过技术创新则能够不断发掘新的发展机会。

4. 在市场夹缝中把握机会

创业机会蕴藏于顾客需求的产品或服务中，而顾客的需求是有差异的。创业者要善于找出顾客的特殊需要，盯住顾客的个性需要并认真研究其需求特征，这样就能发现和把握商机。目前，创业者热衷于开发所谓的"高科技领域"，但创业机会并不只属于"高科技领域"，在金融、保健、饮食、流通这些所谓的"低科技领域"也有创业机会。例如，随着打火机的普及，火柴慢慢淡出了人们的视线，而创业者沈子凯却在这个逐渐被人淡忘的老物件里找到了新商机，他创造的"纯真年代"艺术火柴风靡全国。

还有不少创业者倾向于模仿行业内的最佳企业，试图通过模仿快速取得成功，结果使得自己的产品和服务没有差异性，众多企业为争夺现有的客户和资源展开激烈竞争，企业面临困境。所以，创业者要克服从众心理，摆脱传统习惯思维的束缚，寻找市场空白点或市场缝隙，从行业或市场在矛盾发展中形成的空白地带找寻机会。

5. 捕捉政策变化把握机会

很多创业机会是缘于竞争对手的失误，如果能及时抓住竞争对手策略中的漏洞，或者能比竞争对手更快、更可靠、更便宜地提供产品或服务，也许就能发现创业机会。因此，创业者应追踪、分析和评价竞争对手的产品和服务，找出现有产品存在的缺陷，有针对性地提出改进方法，形成创意，并开发具有潜力的新产品或新功能，就能够出其不意，成功创业。

6. 弥补对手缺陷把握机会

中国市场受政策影响很大，新政策出台往往会带来新商机，如果创业者善于研究和利用政策，就能抓住商机。例如，国家出台了新的汽车产业政策，鼓励个人、集体和外资投资建设停车场。随着停车场的日益增多，对停车场建设中的智能门禁考勤系统、停车场系统、通道管理系统等的需求也随之增多，专门供应停车场所需的软硬件设备就成为一个重要商机。事实上，从政策中寻找商机并不仅仅限于政策条文的表面规定，随着社会分工的不断细化和专业化，政策变化所提供的商机还可以进一步延伸，创业者可以从产业链的上下游中寻找商机。

（三）创业机会的识别

1. 影响创业机会识别的因素

（1）先前经验

在特定产业中的先前经验有助于创业者识别出商业机会，这被称为"走廊原理"。它是指创业者一旦创建企业，他（她）就开始了一段旅程，在这段旅程中，通向创业机会的"走廊"将变得清晰可见。该原理表明，一旦某个人投身于某产业进行创业，这个人将比那些从产业外观察的人更容易看到产业内的新机会。

（2）认知因素

机会识别可能是一项先天技能，也可能是一种认知过程。有些人认为，创业者具有"第六感"，使他们能看到别人错过的机会。多数创业者也持有这种观点，认为他们比别人更警觉。警觉很大程度上是一种习得性的技能；在某个领域拥有更多知识的人，往往比其他人对该领域内的机会更警觉。

（3）社会关系网络

社会关系网络能带来蕴含创业机会的有价值信息，个人社会关系网络的深度和广度对机会识别有着重要影响。研究发现，社会关系网络是个体识别创业机会的主要渠道之一。

（4）创造性

创造性能产生新奇或有用创意。从某种程度上讲，机会识别是一个创造过程，是不断反复的创造性思维过程。随着接触的趣闻轶事越来越多，你会很容易看到创造性包含在许多产品、服务和业务的形成过程中。对个人来说，创造过程可分为五个阶段，分别是准备、孵化、洞察、评价和阐述。

2. 识别四类创业机会

创业需要机会，机会要靠发掘。创业难，发掘创业机会更难。要想寻找到合适的创业机会，创业者应识别或辨别以下创业机会。

（1）现有市场机会和潜在市场机会

市场机会中那些明显未被满足的市场需求称为现有市场机会，那些隐藏在现有需求背后的、未被满足的市场需求称为潜在市场机会。现有市场机会表现明显，往往发现者多，进入者也多，竞争势必激烈。潜在市场机会则不易被发现，识别难度大，往往蕴藏着较大的商机。例如，金融机构提供的服务与产品大多是针对专业投资大户，而占有市场大量资金的普通投资者未受到应有的重视，这种矛盾凸显出为一般大众投资提供服务的产品市场极具潜力。

（2）行业市场机会与边缘市场机会

行业市场机会是指某一个行业内的市场机会，而在不同行业之间的交叉结合部分出现的市场机会被称为边缘市场机会。一般而言，人们对行业市场机会比较重视，因为其发现、寻找和识别的难度系数较小，但往往竞争激烈，成功的概率也低。而在行业与行业之间的"真空地带"，往往因无人涉足或难以发现而充满机会，需要有丰富的想象力和大胆的开拓精神的人去开发。例如，人们对饮食需求认知的改变，创造了健康食品等新兴行业。

（3）目前市场机会与未来市场机会

那些在目前环境变化中出现的市场机会被称为目前市场机会，而通过市场研究和预测分析可能将在未来某一时期内出现的市场机会被称为未来市场机会。如果创业者提前预测到某种机会出现，就可以在这种市场机会到来前早做准备，从而获得领先优势。

（4）全面市场机会与局部市场机会

全面市场机会是指在大范围市场出现的未满足的需求，如国际市场或全国市场出现的市场机会，着重于拓展市场的宽度和广度。而局部市场机会则是在一个局部范围或细分市场出现的未满足的需求。创业者在大市场中寻找和发掘局部或细分市场机会，可以集中优势资源投入目标市场，这不仅有利于增强创业的主动性，减少盲目性，还能增加创业成功的可能性。

（四）创业机会的评估

怎样的创业机会才算有价值、值得创业者去实践呢？把握住创业机会是否就意味着一定可以取得创业成功呢？答案是否定的。因为不是所有的创业机会都可以获得市场认可、有消费者愿意买单的。也就是说，并不是所有的创业机会都有很好的商业价值。因此，当机会来临时，不要立刻采取行动，应先对已经掌握的创业机会进行一次科学、理性的价值评估。

有价值的创业机会应具备三个特征：①具有很强的市场吸引力；②具有充足的、能满足长远发展的资源需求；③具有良好的获利能力。这三个特征，可通过量化指标体系来进行合理评估。

1. 创业机会的市场吸引力评估体系

评估一个创业机会是否具备市场吸引力，可以从市场规模、市场结构、商机持续时间三个方面加以衡量，具体见表7-1。

表 7-1　创业机会的市场吸引力评估体系

指标分类	评价指标	指标说明
市场规模	顾客群体年增长率（不低于 30%）	越高越有吸引力
	顾客愿意付费接受产品或服务的程度	越高越有吸引力
	顾客重复购买意愿	越高越有吸引力
	具有较高的产品附加值	越高越有吸引力
	市场成熟度	越低越有吸引力
市场结构	进入障碍的大小	越小越有利于创业
	供货商的议价能力	越低越有利于创业
	顾客对价格的影响能力	越低越有利于创业
	经销商的议价能力	越低越有利于创业
	替代性产品的竞争威胁程度	越低越有利于创业
	市场内部竞争的激烈程度	越低越有利于创业
商机持续时间	商机预计持续时长	越长越有利于创业
	商机已出现时长	越短越有利于创业

2. 创业机会的资源需求满足程度评估体系

而创业机会的资源需求满足程度的评估，可从资源的存量需求和资源的可转移性两个方面进行考核，具体见表 7-2。

表 7-2　创业机会的资源需求满足程度评估体系

指标分类	评价指标	指标说明
资源的存量需求	该创业项目是否有创业者无法获得的实体资源	若出现否的回答，即认为该创业机会不可取
	该创业项目是否有创业者无法获得的人力资源	若出现否的回答，即认为该创业机会不可取
	该创业项目投资总额是否在筹资能力范围之内	若出现否的回答，即认为该创业机会不可取
	该创业项目是否存在无法取得的专利、专有技术	若出现否的回答，即认为该创业机会不可取

表7-2(续)

指标分类	评价指标	指标说明
资源的 可转移性	资本市场成熟程度	越成熟越有利于创业
	行业中介服务体系完善度	越完善越有利于创业
	行业相关法律法规健全程度	越健全越有利于创业

3. 创业机会的获利能力评估体系

至于创业机会的获利能力评估，可从利润水平和投资回报性两方面加以考核，见表7-3。

表7-3 创业机会的获利能力评估体系

指标分类	评价指标	指标说明
利润水平	毛利率	不低于 20% 为宜
	税后净利率	不低于 5% 为宜
	现金流	每年销售额中不低于 20% 以现金支付为宜
	销售额增长率	不低于 15% 为宜
投资回报性	投资回报率	不低于 15% 为宜
	投资回收期	2 年内为宜

上述量化的指标评估体系，可以准确合理地评估创业机会的价值。通过对三大指标的考核，实现了对创业机会的客观理性分析，有助于判断一个创业机会的市场吸引力、资源需求的满足程度及获得利润的能力。

三、创业资源

（一）创业资源的内涵

1. 创业资源的定义

创业的前提条件之一就是创业者拥有或者能够支配一定的资源。所谓资源，依照目前战略管理中的资源基础理论（resource-based theory，RBT）的观点，企业是一组异质性资源的组合，而资源是企业在向社会提供产品或服务的过程中，所拥有的或者所能够支配的用以实现自己目标的各种要素及要素组合。

概括地讲，创业资源是企业创立及成长过程中所需要的各种生产要素和支撑条件。对于创业者而言，只要是对其创业项目和新创企业发展有所帮助的要素，都可归入创业资源的范畴。

创业资源之于创业活动的意义不仅仅体现在量的积累上，应当看到，创业过程实质上是各类创业资源重新整合，支持企业获取竞争优势的过程。从这一角度看，创业活动本身是一种资源的重新整合。

2. 创业资源在创业过程中的作用

本书将创业过程分为企业创立之前的机会识别和创立之后的企业成长两个阶段，分别考察创业资源在每个阶段中的作用。

（1）机会识别过程。机会识别与创业资源密不可分。从直观的含义上看，机会识别是分析、考察、评价可能的潜在创业机会。Kirzner（1973）认为，机会代表着一种通过整合资源，以满足市场需求，进而实现市场价值的可能性。因此，创业机会的存在本质上是部分创业者能够发现其他人未能发现的特定资源的价值的现象。例如，在同样的产品或者盈利模式下，一些人会付诸行动去创业，其他人却往往放任机会流失；有的人会将企业经营得很成功，而另一些人却会遭受损失。后者往往是缺乏必要的创业资源。

（2）企业成长过程。企业创立之后，一方面，创业者仍需要积极地从外界获取创业资源；另一方面，已经获取的创业资源在企业发展过程中应逐渐被整合、利用。资源整合对创业过程的促进作用是通过创业战略的制定和实施来实现的。丰富的创业资源是企业战略制定和实施的基础和保障，同时，充分的创业资源还可以适当校正企业的战略方向，帮助新创企业选择正确的创业战略。

需要提及的是，新创企业所拥有的创业资源必须加以有效整合，才能形成企业的核心竞争优势。所谓资源整合，就是把企业所拥有的自然资源、信息资源和知识资源在时间和空间上加以合理配置、重新组合，以实现资源效用的最大化。必须注意的是，这种资源效用的最大化，并非简单的各项资源各安其位，而是通过重新整合规划资源，创造企业独特的核心竞争力，发挥企业在市场上的竞争优势。

（二）创业资源的分类

从分类学的角度看，所谓分类就是一个对事物进行认识、区分、理解的过程，我们可以按照不同的目的对事物进行分类。尽管学术界对创业资源类型界定尚未有统一的标准，但是目前对创业资源的多视角分类有助于人们理解创业资源的来源、构成，也有利于人们获取与整合资源。

早期的学者将资源分为三种类型，即物质资源（存货、设备）、财务资源（资金、贷款）、人力资源（劳动力、管理者）。资源基础理论（RBT）强调资源的异质性和独特性，因此，这些资源后来细化为组织资源（技能和知识的融合）、技术（技术诀窍）和声誉资源。后来，Brush 等学者又提出了社会资本，这一重要资源又被称网络资源或关系资源。创业过程通常被解释成组织的形成过程，所以对于创业企业来说，组织资源具有标志性意义。这些划分方法都在一定程度上推动了创业研究。

目前，学术界对创业资源的分类方式大致有以下五种类型。

1. 创业资源按其来源分类

创业资源按其来源可以分为自有资源和外部资源。自有资源是指创业者或创业团队自身所拥有的可用于创业的资源，如自有资金、技术、创业机会信息等。外部资源是指创业者从外部获取的各种资源，包括从朋友、亲戚、商务伙伴或其他投资者筹集到的投资资金、经营空间、设备或其他原材料等。自有资源的拥有状况（特别是技术和人力资源）会影响外部资源的获得和运用情况。

2. 创业资源按其存在形态分类

创业资源按其存在形态可以分为有形资源和无形资源。有形资源是具有物质形态的、价值可用货币度量的资源，如组织赖以存在的自然资源，以及建筑物、机器设备、原材料、产品、资金等。无形资源是具有非物质形态的、价值难以用货币精确度量的资源，如信息资源、人力资源、政策资源，以及企业的信誉、形象等。无形资源往往是撬动有形资源的重要工具。

3. 创业资源按其性质分类

根据资源的性质，可将创业资源分为六种资源，即人力资源、社会资源、财务资源、物质资源、技术资源和组织资源。

人力资源包括创业者与创业团队的知识、经验，也包括组织及其成员的专业智慧、判断力、视野、愿景，甚至是创业者、创业团队的人际关系网络。创业者是新创企业中最重要的人力资源，因为创业者能从混乱中发现市场机会。创业者的价值观和信念更是新创企业的基石。合适的员工也是创业人力资源的重要部分，因此，高素质人才——技术人员、销售人才和生产工人等的获取和开发，是企业可持续发展的关键因素。

社会资源主要是指由人际和社会关系网络而形成的关系资源。社会资源可以是人力资源的一部分，或者说是特殊的人力资源。社会资源对创业活动非常重要，因为社会资源能使创业者有机会接触到大量的外部资源，有助于其透过网络关系降低潜在的创业风险，加强合作者之间的信任，提高企业的声誉。开发社会资源是创业者的重要使命。

财务资源包括资金、资产、股票等。对创业者来说，财务资源主要来自个人、家庭成员和朋友。由于缺乏抵押物等多方面原因，创业者难以从外部获取大量财务资源。

物质资源是指创业和经营活动所需要的有形资产，如厂房、土地、设备等，有时候包括一些自然资源，如矿山、森林等。

技术资源包括关键技术、制造流程、作业系统、专用生产设备等。技术资源通常包含三个层次，一是根据自然科学和生产实践经验而发展成的各种工艺流程、加工方法、劳动技能和诀窍等；二是将这些流程、方法、技能和诀窍等付诸实现的相应的生产工具和其他物资设备；三是适应现代劳动分工和生产规模等要求的对生产系统中所有资源进行有效组织和管理的知识、经验和方法。技术资源与智慧等人力资源的区别在于，后者主要存在于个人身上，会随着人员流动和流失，技术资源则大多与物质资源结合，可以通过法律手段予以保护，形成组织的无形资产。

组织资源包括组织结构、作业流程、工作规范、质量系统。组织资源通常指组织内部的正式管理系统，包括信息沟通、决策系统及组织内正式和非正式的计划活动等。一般来说，人力资源需要在组织资源的支持下才能更好地发挥作用，企业文化也需要在良好的组织环境中培养。组织资源来自创业者或其团队对新创企业的最初设计和不断调整，以及对环境的适应和对成功经验的学习。由于创业过程通常被解释为组织的形成过程，所以对于创业企业来说，组织资源是具有标志性意义的一类资源。

4. 创业资源按其在生产过程的作用分类

资源还可以按照其在生产过程的作用分为生产型资源和工具型资源。生产型资源直接用于生产过程或用于开发其他资源，例如物质资源，像机器、汽车或办公室，被认为直接用于生产产品或为生产提供服务；工具型资源则被专门用于获得其他资源，例如财务资源，可用来获得人才和设备。产权型技术可能是生产型资源，也可能是工具型资源，这要根据其所依存的条件，如果依赖某个人而存在的技术则可能是工具型资源，如果是以专利形式存在可直接用于生产过程的，则是生产型资源。需要指出的是，对于新创企业来说，个人的声誉资源和社会网络也属于工具型资源，有些时候市场资源也可以用来吸引其他资源，因此我们也将其归为工具型资源。

5. 创业资源按其在创业过程中的作用分类

学者通常将创业资源划分为两类，一类是运营性资源（operation resource），主要包括人力资源、技术资源、资金资源、物质资源、组织资源和市场订单等资源。另一类是对新企业生存和发展具有关键作用的战略性资源（strategic resource），主要指知识资源。知识型社会给企业带来了持续而深远的影响，知识成为企业进行生产、竞争的关键，企业组织工作的重要任务是战略性地开发和利用知识资源。由于新企业的高度不确定性及创业者和资源所有者之间的信息不对称性，知识资源对运营资源的获取和利用具有促进作用。

另外，还有学者将资源分为离散资源和系统资源两种类型。离散资源的价值相对独立于组织环境，合同和专业技能则属于这类资源；而系统资源的价值，比如分销网络或团队能力，其价值依赖所处的系统环境。

（三）不同类型创业活动的资源需求

创业活动可以根据不同标准分为不同的创业活动类型，不同的创业活动类型对创业资源的需求类型、整合方式各不相同。为了揭示创业过程中动机、机会与资源的作用机理，有的学者定义了新创企业的三种资源整合模式，即技术驱动型、资金驱动型和人力资本驱动型。这三种模式分别以技术、资金、人力三种资源中相对充裕能优先获取的资源为核心和驱动力，并以此带动其他两种资源向新创企业聚集。

技术驱动型的资源获取模式是创业者最先拥有技术资源，或者创业初期技术资源较为充裕并能带动其他资源向企业聚集的资源整合模式。在该模式下，创业者以拥有的核心技术为基础，根据技术开发的需要获取、整合和利用资源。

人力资本驱动型资源获取模式是指创业者以拥有的团队为基础，通过发挥团队特长或根据机会开发的需要来获取、整合和利用资源的模式。很多职业经理人采用这一模式创业。工作一段时间后再创业，很多创业活动是以原工作单位的工作伙伴及积累的工作技能为基础，先组建一个相互默契的工作团队，再寻找一个适合的创业项目来进行创业。

资金驱动型资源获取模式是指创业者最先拥有资金，或者创业初始资金较为充裕并能带动其他资源向企业聚集的资源整合模式。在该模式下，创业者以其拥有的资金为基础，寻找和资金相匹配的项目并对其进行开发，以获取、整合和利用资源。很多大型企业的内部创业多采用资金驱动型的资源获取模式，这类创业者有着充沛的资金，有发现新商机的独到眼光，于是他们通过新产品的研发或新技术的购买开始新一轮的创业活动。

除此以外，新创企业在发展的不同时期，需要的资源类型和数量可能会有所不同，不同资源在企业不同发展阶段的作用也不相同。

现有的创业类型，反映出不同的创业目的、创新程度、创业起点、创业项目、创业方向与风险、创新内容等，这些因素决定了新创企业在初创期对不同的资源有不同的需求，因此不同的新创企业可以采取不同的资源整合模式。

（四）创业资源与一般商业资源的异同

创业资源与一般商业资源既有相同点，也有差异性。

从广义上看，创业资源与一般商业资源的基本内容大致相近，都包括人力资源、社会资源、财务资源、物质资源等，是创业活动或商业活动中所需要的各种生产要素和支撑条件。倘若一个人想要创业或者从事某种商业活动，则必须具备一定的条件，而拥有这些资源在某种程度上就是获得了创业的"许可证"。在创业过程中，除自有资源外，创业者往往通过市场交易手段将一般商业资源转换为创业资源。

从狭义上看，创业资源与一般商业资源的差异表现为以下三点。

第一，创业资源与创业过程相伴而生，是一项事业、一个企业或组织从无到有、从小到大的创建过程中所依赖的各种要素和支持条件。对于创业活动而言，不确定性强是初创期的主要特征，因此创业者所拥有的或者可以利用的资源无论在数量上还是规模上都表现为"少""小"。一般商业资源往往泛指事业、企业或组织所具备的生产要素和支持条件，其数量、规模都比创业资源"多""大"。

第二，创业资源的包含范围往往比商业资源更小。尽管创业资源与商业资源的基本内容相近，但并不是所有的商业资源都是创业资源，因为只有创业者能够拥有或者可以获得、利用的资源才是创业资源。在创业的过程中，创业机会只有与相应的创业资源进行匹配，才能形成现实的创业行为；否则，即使出现了大好的创业机会，创业者也难以迅速利用这个机会，只能眼睁睁地看着机会从身边溜走。

第三，有的学者认为，创业资源更多表现为无形资源，一般商业资源则更多表现为有形资源。创业资源的独特性更强，创业者的个人能力和社会网络资源是其中最为关键的资源；而一般商业资源中，规范的管理和制度则是企业成功的基础资源。

（五）社会资本、资金、技术及专业人才在创业中的作用

创业活动的本质是创业者围绕潜在机会来调动和整合一切可能获得的资源以创造商业价值的过程，这些资源包括社会资本、资金、技术及专业人才等。创业者所拥有或者能够支配的资源在很大程度上决定了其创业方向。

1. 社会资本在创业中的作用

社会资本的概念是法国学者布尔迪厄（Pierre Bourdieu）于 20 世纪 70 年代提出来的，其代表著作 *Distinction* 于 1984 年译成英文。科尔曼（James Coleman）1988 年在《美国社会学学刊》发表的《作为人力资本发展条件的社会资本》一文，在美国社会学界第一次明确使用了"社会资本"这一概念，并对其进行了深入的论述。

自布尔迪厄和科尔曼提出"社会资本"以来，比较有代表性的社会资本概念指的是个人通过社会联系获取稀缺资源并由此获益的能力。这里的稀缺资源包括权力、地位、财富、资金、学识、机会、信息等。当这些资源在特定的社会环境中变得稀缺时，行为者可以通过两种社会联系获取这些资源。第一种社会联系是个人作为社会团体或组织的成员与这些团体和组织所建立起来的稳定的联系，第二种社会联系是人际社会网络。与社会成员关系不同，进入人际社会网络没有成员资格问题，无须任何正式的团体或组织仪式，它是由于人们之间的接触、交流、交往、交换等互动过程而发生和发展的。

在创业研究方面，社会资本是基于人际和社会关系网络形成的资源。这种资源可以是人力资源的一部分，或者说是特殊的人力资源。社会资本

能使创业者有机会接触大量的外部资源，有助于通过网络关系降低潜在的风险，加强合作者之间的信任与信誉。有学者通过研究发现：虽然个人的财务资源与其是否成为创业者没有显著关系，但是从创业者个体来看，其获取资源的能力决定了创业活动能否成功启动；创业者常常通过社会网络获取所需的信息和资源，而那些拥有丰富社会资本的创业者往往可借此得到较难获取的资源，或以低于市场的价格购买这些资源。

斯坦福大学研究中心的一份调查显示：一个人赚的钱，12.5%来自知识，87.5%来自其基于正常社会经历建立的人际关系。而一份中国的研究数据显示，社会交往面广、交往对象趋于多样化、与高社会地位个体之间关系密切的创业者，更容易发现创新性更强的创业机会。

2. 资金在创业中的作用

资金是创业者资源整合的重要媒介。从产生创意、发现创业机会到构建商业模式，创业者或创业团队都绕不开资金这个话题。换言之，创业过程的每项活动都会产生成本，都需要进行成本补偿。比如，对于新创企业来说，无论是进行产品研发还是生产销售，都需要大量的资金，因此如何有效地吸收资金是每个创业者都极为关注的问题。

很多创业者在创业之前，没有正确看待创业资金的重要性，认为企业一开始投入就能盈利，能够弥补创业过程中的资金短缺问题。事实上，很多时候一个创业项目在起步后的相当长一段时间内是没有收入的，或者收入不会像预期的那么多。因此，在创业之前必须做好资金准备，以备不时之需，尽可能地避免创业团队因为资金问题而陷入困境。

大学生创业的最大困难就是缺乏资金。即便已经建立若干年的企业，资金链的断裂也会对企业造成致命的威胁。据国外文献记载，倒闭破产的企业中有85%是盈利情况非常好的企业，而这些企业倒闭的主要原因是资金链的断裂。企业可能不会由于经营亏损而破产清算，却常常会因为资金断裂而倒闭。

虽然资金在创业过程中起着至关重要的作用，但融资数量并非多多益善，要考虑到企业实际的资金需求量。创业融资需要一定的策略。

3. 技术在创业中的作用

对于制造类或提供技术服务的新创企业而言，技术资源是企业存在和发展的基石，是生产活动和生产流程稳定的根本，找到合适的创业技术是企业成功的关键，其具体原因如下：一是创业技术是决定创业产品的市场竞争力和获利能力的根本因素。在创业初期创业资金需求基本满足的情况下，创业技术是最关键的资源。二是创业是否拥有技术核心决定了所需创业资本的大小。对于在技术上非根本创新的创业企业来说，创业资本只要保持较小的规模便可维持企业的正常运营。三是从创业阶段来说，由于创业初期企业规模较小，因此管理及对人才的需求度不像成长期那样高，创业者的企业家意识和素质是创业阶段最关键的创业管理资源。

技术资源的主要来源是人才资源，重视技术资源的整合也就是注重人才资源的整合。技术资源的整合，不仅要整合、积聚企业内部的技术资源，还要整合外部可以利用的技术资源，比如积极寻找、引进有商业价值的科技成果，加强和高校科研院所的产学研合作等。整合技术资源是为了技术的不断创新，实现自主研发并拥有自主知识产权，保持技术的领先，提高新创企业的核心竞争力。

4. 专业人才在创业中的作用

组织资源观认为，塑造以知识为基础的核心能力是组织获取持续竞争优势的有效策略。这种核心能力具有独特价值，是不可模仿和难以转移的，它需要组织内部的长期开发。专业人才在创业过程中的作用可以从创业者、创业团队、管理团队及骨干员工的角度体现出来。

创业活动的本质，是创业者围绕潜在的机会来调动和整合一切可能获得的资源来创造商业价值的过程，这些资源包括创业者自身的物质资本、人力资本及不容忽视的社会资本。影响创业者人力资本的直接因素主要包括教育经历、产业工作经历和相关的创业经历；影响创业者社会资本的直接因素主要包括创业者的家庭背景、地缘环境、社会关系及创业团队所具有的其他特征等。创业者是新创企业的核心，其所具有的人力资本、社会资本对新创企业的创建和后续发展具有非常关键的作用。

随着知识经济的兴起、高科技产业的发展，人们发现单靠个人力量越来越难以成功创业，创业团队的重要性更加凸显。大量的实证研究表明，团队创办的企业在存活率和成长性两方面都显著高于个人创办的企业。这是因为团队创业通常具有更多样化的技能和竞争力，可以形成更广的社会和企业网络，有利于获取额外的资源。创业投资者也经常把新企业创业团队的素质作为其投资与否的最重要的决策依据之一。当然，创业者的人力资本和社会资本对创业团队的组建也有重要作用。一方面，优秀的创业领导人更有可能吸引优秀的人才来共同创业；另一方面，创业者的社会资本对创业团队的组建和持续性发展发挥着不可忽视的作用。

专业管理人才也是创业过程中重要的人力资源。新创企业发展到一定阶段，其管理体系逐渐健全，各项规章制度逐步完善，组织架构也日益明晰，公司就需要从外部引进一些专业管理人才，来为企业带来有益的建议与革命性的管理思路。需要提及的是，专业人士具有外来性，管理风格与理念可能与原有创业团队中的核心成员不同，甚至可能产生矛盾冲突。

此外，在创业过程中还有其他可供利用的人力资源，如管理咨询公司、银行、风险投资者、律师事务所、高校等机构的专业人士。对于大学生创业者，在不太熟悉企业运作中的某项业务时，可以充分利用外部专业人士的帮助，积极与知名的行业专家和学者建立紧密联系，以获取专业知识和建议，整合各方面的资源，提高创业成功率。

（六）影响创业资源获取的因素

资源获取是在识别资源的基础上，得到所需资源并用之于创业过程的行为。对于新创企业而言，是否能够从外界获取所需资源，首先取决于资源所有者是否认可创业者或创业团队的商业创意，而这在很大程度上取决于其商业创意是否有价值。商业创意为资源获取提供了杠杆，一项能被资源所有者认同的、有价值的商业创意，有助于降低创业者获取资源的难度。

除了商业创意的价值，影响创业资源获取的因素还包括创业导向、创业者（创业团队）先前工作经验、资源配置方式、创业者的管理能力、社会网络。

1. 创业导向

创业导向（entrepreneurial orientation）的概念源于战略管理领域的战略决策模式研究，其根源可以追溯到战略选择理论。该理论强调企业通过市场分析来选择并实施战略行为和新市场进入行为。概括地讲，创业导向反映了企业建立新事业、应对环境变化的一种特定心智模式，是一种态度或意愿，这种态度或意愿会导致一系列创业行为。

在常见的创业研究模型中，创业导向被划分为三个维度：创新性、风险承担性和前瞻性。创新性是指企业热衷于能够带来新产品、新服务、新工艺、新思想、新观点和新的实验手段，风险承担性是指管理者愿意承担有风险事务的程度，前瞻性是指企业通过预测未来需求改造环境，来寻找比竞争对手更早引入新产品或服务的机会。在日益激烈的竞争环境中，新创企业在竞争中往往需要采取更多的创新行为、承担更多的风险，才能取得良好的企业绩效。在明确的创业导向指引下，企业能够创造性地整合资源、利用资源，并在资源的动态获取、整合、利用过程中，区分不同的资源，充分发挥知识资源的促进作用。为此，创业者要注重创业导向的培育和实施，充分关注创业团队的价值观、组织文化和组织激励等影响创业导向形成的重要因素。

2. 创业者（创业团队）先前工作经验

创业者（创业团队）的先前工作经验分为创业经验和行业经验两大类。其中，创业经验是指先前创建过新的企业或组织，是创业者在此过程中所获得的感性和理性的观念、知识和技能等，它提供了诸如机会识别与评估、资源获取和公司组织化等方面的信息。行业经验是指创业者在某行业中的先前工作经历，它提供了有关行业规范和规则、供应商和客户网络及雇佣惯例等信息。

创业过程本身就是一个知识转移的过程，从先前创业经验中转移来的知识能够提高企业家有效识别和处理创业机会的能力，有助于其发现、获取创业资源。拥有创业经验的创业者有一种"创业思维定式"，驱使他们寻求和追求那些最好的机会。在不确定性和时间压力下，先前创业经验提供了有助于创业者对创业机会做出决策的隐性知识，这种隐性知识可以通过创业者转移到新创的组织里，因此，创业者拥有较多的创业经验会更容易获取特定的机会，也更容易从更多的途径获取到创业资源。此外，先前创业经验还能帮助创业者克服新企业面临的新的不利因素。这些都能够帮助社会企业家规避风险，增强他们的资源获取能力。

先前行业经验中所积累的顾客问题知识、市场服务方式知识、市场知识等造就了创业者的"知识走廊"，强化了其发现创业机会、获取资源的能力。同时，先前行业的管理经验能够帮助创业者解决创建和管理创业团队过程中遇到的诸多困难，而且创业者管理能力越强，其获取资源的可能性越大。此外，拥有先前行业经验的创业者往往享有更强的社会网络，其在先前行业中获得的公正声誉和处理利益相关者之间关系的技能有利于新创企业获得合法性认可。

3. 资源配置方式

资源配置是指人们对相对稀缺的资源在各种不同用途上加以比较做出

的有利选择。在创业过程中，资源总是表现出相对的稀缺性，创业者不可能获取到所有资源来开发创业机会，因此要求创业者对有限的、稀缺的资源进行合理配置，充分利用好已有的资源、身边的资源、别人不予重视的资源，发挥资源的杠杆效应。

资源的配置方式有市场交易与非市场交易两种。在市场经济条件下，大多数资源可以通过市场交易而得到。但是，由于资源的异质性、效用的多样性和知识的分散性，人们对同样的资源往往有不同的效用期望，有些期望难以依靠市场交易实现。因此，如果通过创新资源配置方式，能够开发出资源的新效用，使之更好地满足资源所有者的期望，创业者就有可能从资源所有者手中获得资源使用权，以开展生产经营活动。

4. 创业者的管理能力

创业资源获取的关键往往取决于企业的软实力。创业者的管理能力是企业软实力的主要表现，管理能力越强，获取资源的可能性就越大。创业者的管理能力可以从其沟通能力、激励能力、行政管理能力、学习能力和外部协调能力等多方面予以衡量。

良好的沟通能力可以使创业团队表现出较强的凝聚力，共同行动，从而使团队更容易获取必要的外在资源。团队激励和合作有助于企业综合能力的提升，产生团队外溢效果，有助于团队获取必要的资产和资源。较强的行政管理能力有利于团队将各种资源进行较完美的匹配与组合，提高企业的正常运作效率，使企业能够根据成员的要求和组织发展的需要，吸引更多的人力资源和其他无形资产。学习能力则可以使创业者不断地提升自身管理能力，了解外部市场的变化和创业企业内部的需求，对其做出理性判断，并运用一定的方式获取企业所需的资源。外部协调能力是创业者个人才能的外向型应用，创业者的外部协调能力越强，其与合作者（如供应商、销售商等）达成一致的可能性就大。当创业者与合作者达成一致后，就可以利用外部资源为企业服务，得到资源获取的外在效应，在获取必要资源的同时，为企业创造良好的发展环境。

5. 社会网络

社会网络是多维度的，能够提供企业正常运转所需的各种资源，也是新创企业最重要的资源之一。社会网络是隐性知识传播的重要渠道，它能通过促进信息（包括技能、特定的方法或生产工艺等）的快速传递而协助组织学习，同时还可以大大降低企业的交易成本，帮助企业获取与企业需求相匹配的资源。因此，社会网络对创业资源的获取具有重要意义。

研究表明，社会网络的关系强度、关系信任度及网络规模对创业资源的获取具有正向影响，因此新创企业应关注强关系网络的维护和利用。强关系网络的主体通常以家庭、亲戚、朋友为主，与这些关系的频繁、密切接触，更易于企业获取资金、技术、人力等运营资源和有益的创业指导和建议。

不同的社会网络地位，为人们之间的沟通协作提供了不同的渠道。在社会网络中处于优势地位的创业者，具有较好的社会关系依托，可以有选择地了解不同对象的效用需求，有针对性地对不同对象传递商业创意的不同方面，有目的地获取不同资源所有者的理解和信任，最终成功地从不同网络成员那里获取所需的各种资源，为自己进行资源配置创新打下基础。

（七）创业资源获取的途径与技能

1. 创业资源获取的途径

获取创业资源的途径分为市场途径和非市场途径两大类。当创业所需要的资源有活跃的市场，或者有类似的可比资源进行交易时，可以采用市场交易的途径获取资源；其他情况下则可以采用非市场交易的途径获取资源。

（1）通过市场交易途径获取资源的方式包括购买、联盟和并购等。

购买是指利用财务资源通过市场购入的方式获取外部资源。主要包括购买厂房、装置、设备等物质资源，购买专利和技术，聘请有经验的员工等。需要注意的是，诸如知识尤其是隐性知识等资源虽然可能会附着在非知识资源之上，可以通过购买物质资源（如机器设备等）得到，但很难通过市场直接购买，因此，需要新创企业通过非市场途径去开发或积累这类资源。对创业者来说，购买资源可能是其最常用的资源获取方式，大部分资源，尤其是物质资源、技术资源、人力资源等都可以通过从市场上购买的方式得到。

联盟是指通过联合其他组织，对一些难以或无法自己开发的资源实行共同开发。这种方式不仅可汲取显性知识资源，还可汲取隐性知识资源。但联盟的前提是联盟双方的资源和能力互补且有共同的利益，而且能够对资源的价值及其使用达成共识。通过联盟的方式共同研究开发获取技术资源也是创业者经常采用的资源获取方式，尤其是对于高科技企业来说，通过和高等院校及研究机构联盟，可以在不增加设备投入的同时，及时得到企业发展所需要的技术资源，使企业保持可持续发展的后劲。

资源并购是通过股权收购或资产收购，将企业外部资源内部化的一种交易方式。资源并购的前提是并购双方的资源尤其是知识等新资源具有比较高的关联度。并购是一种资本经营方式，创业者通过并购可以缩短进入一个新领域的时间，从而及时把握商机，实现创业目标。

（2）通过非市场途径获取资源的方式主要有资源吸引和资源积累。

资源吸引指发挥无形资源的杠杆作用，利用新创企业的商业计划，创业者通过对创业前景的描述，利用创业团队的声誉来获得或吸引物质资源（厂房、设备）、技术资源（专利、技术）、资金和人力资源（有经验的员工）。创业者在接触风险投资或者技术拥有者的过程中，可以通过对创业前景的描述或团队良好声誉的展示，获得资源拥有者的信任和青睐，从而吸引其主动将拥有的资源投入到创业企业之中。

资源积累指利用现有资源在企业内部通过培育形成所需的资源。主要包括自建企业的厂房、装置、设备，在企业内部开发新技术，通过培训来增加员工的技能和知识，通过企业自我积累获取资金等。创业者很多时候会采用资源积累的方式来筹集企业所需的人力资源或技术资源。通过资源积累的方式获取人力资源可以激发创业团队或企业员工的工作积极性，提高其工作效率；通过资源积累的方式获取技术资源，则可以在获得核心技术优势的同时，保护好商业机密。

通过市场途径还是非市场途径取得资源，主要取决于资源在市场的可用性和成本等因素。若创业者发现快速进入市场能够带来成本优势，则通过非市场途径外部购买可能就是获取资源的最佳方式。

获取资源贯穿创业的全过程，在创业的初始阶段，它具有更加重要的作用。对于多数新创企业来说，由于初始资源禀赋的不完整性，创业者需要取得资源供应商的信任来获取资源。但无论如何，采用多种途径同时获取不同资源总是正确的选择。INSEAD 策略学教授洛朗斯·凯普伦（Laurence Capron）和北卡罗来纳州杜克大学教授威尔·米切尔（Will Mitchell）2010 年对 162 家电信公司进行了长达 10 的年研究，研究结论显示，与采用单一途径获取资源的企业相比，通过多种方式获取资源的企业更有优势：它们在未来 5 年内继续经营的概率比那些主要依赖联盟的企业高 46%，比专注于并购的企业高 26%，比坚持内部研发的企业高 12%。

2. 创业资源获取的技能

Timmons 认为，成功的创业活动必须对机会、创业团队和资源三者进行最适当的匹配，并且还要随着事业的发展而不断地对这三者进行动态平衡。创业过程由机会启动，在创业团队建立以后，就应该设法获取创业所必需的资源，这样才能顺利实施创业计划。为了合理获取、利用资源，创业者往往需要制定设计精巧、用资谨慎的创业战略，而创业团队则是实现创业这个目标的关键组织要素，为此创业者或创业团队必须具有高超的领导力和沟通能力，能够适应市场环境的变化。

（1）沟通

为了获取创业资源，创业者及其团队应该有较好的人际沟通能力、沟通技巧及顺畅的沟通机制。

人际沟通能力是指一个人能够用有效和适当的方法进行沟通的能力。有效性即沟通行为有助于个人目标、关系目标实现的程度，适当性即沟通行为与情境和关系限制保持一致的程度，有效性和适当性是评价沟通能力的重要指标。

沟通能力是指参与沟通的人具有收集和发送信息的能力，能通过书写、口头与肢体语言的媒介，有效与明确地向他人表达自己的想法、感受与态度，亦能较快、正确地解读他人的信息，从而了解他人的想法、感受与态度。沟通能力涉及许多方面，如简化运用语言、积极倾听、重视反馈、控制情绪等能力。虽然拥有沟通能力并不意味着一定能成功获取创业资源，但缺乏沟通能力一定会使创业者在获取资源时遇到许多麻烦和障碍。

在获取资源的过程中，与各方沟通是必不可少的，因此创业者及其团队必须与各方建立顺畅的沟通机制，派出有一定沟通能力的团队成员负责与各方沟通，这是获取创业资源成功与否的关键因素。有研究结论可以很直观地证明沟通的重要性，"双 70 定律"同样适用于创业者获取资源这一任务。

第一个 70 是指企业的管理者实际上有 70% 的时间用在沟通上。开会、谈判、谈话、做报告是最常见的沟通形式。撰写报告实际上也是一种书面沟通的方式，对外各种拜访、约见也都是沟通的表现形式，所以说企业管理者有 70% 时间用在沟通上。

第二个 70 是指企业中 70% 的问题是由于沟通障碍引起的。比如企业常见的效率低下的问题，实际上往往是出现了问题、事情后，大家没有沟通或不懂得沟通所导致的。另外，企业里面执行力差、领导力不高的问题，归根到底都与沟通能力的欠缺有关。

无论是人与人之间还是企业与企业之间良好感情的建立，都是双方持续不断顺畅沟通的结果。创业者获取资源、整合资源的过程就是与新创企业内外部的资源供给者充分沟通的过程。在企业外部，创业者需要与外部的投资者、银行、媒体、同行从业者、消费者、供应商等通过沟通建立联系，获取他们的信任，消除利益分歧，争取对方的扶持与帮助，取得共赢的结果；在企业内部，创业者需要通过顺畅沟通、鼓舞士气、吸引人才、留住人才，进而提升企业运营绩效。

（2）战略领导力

尽管学术界对创业者能力的组成要素有不同的认识，但是对于创业者在战略方面的领导能力认识却大体一致。创业者的战略领导力是创业者能力与新创企业战略管理过程的契合点，是创业者能力在企业战略管理各阶段中体现出的一种独特的思考型实践能力，包括战略思维能力、战略决策能力、战略规划能力和战略控制能力。

新创企业需要不断的创新和参与创业活动来扩大企业经营规模，以实现企业从创业期走向成长期。新创企业由于受到有限的知识、经验和资源的约束，不确定性和模糊性成为新创企业起步阶段最棘手的问题。新创企业与大企业不同，不能依赖市场的惯性取得成功，更不能错误地使用资源，新创企业要想持续成长，应该清晰地看到所处的竞争环境，仔细探寻适合自己的商业战略。

创业企业的创立与创业者个人的目标、价值观和创业能力是密不可分的。创业企业的企业家需要具有出色的语言表达能力，把自己创新的想法不断传达给企业的各部门；还需要将企业的战略意图适当地向企业外界表达出来，以此获取企业所需要的资源。因此，在创新企业获取资源、整合资源过程中，如果创业者具备战略领导力，则更容易打动资源所有者。

四、创业选择

谈到创业梦想，大学生往往会充满激情和幻想，但付诸实践时应慎重。并不是所有具备创业价值的机会都可以去实践，不考虑自身实际情况而盲目选择创业是充满风险、不易成功的。在众多创业机会中，我们一定要先找准自己的创业切入点，明确自身的经营理念、创业能力、创业资源，筛选与自己的理念、能力、资源最契合、最匹配的创业机会是取得创业成功的关键。

（一）选择与自己兴趣特长一致的创业机会

自己感兴趣的项目才是最适合的创业项目。一个人只有选择了他最喜欢做又有能力做的事情，才会自觉地、全身心地投入到工作中去，如此才有可能在遇到困难和挫折时百折不挠、勇往直前，千方百计地克服困难，从而实现创业目标。

事实上，我们身边的创业成功者很多都是在从事自己感兴趣且擅长的项目或行业，可以说选择自己感兴趣且擅长的行业是创业成功的基础。如微软的创立者比尔·盖茨，从小就对计算机很感兴趣，并在软件编程方面表现出色，15 岁时就为一家信息公司解决了一些技术难题。在微软创立之初，盖茨与创业合作伙伴保罗更是在一间满布灰尘、杂乱无章、噪声纷扰的小房间里没日没夜地编写程序，即使到了 39 岁，结婚之后的比尔·盖茨还是经常加班工作到晚上 10 点。正是出于对自己工作的热爱，才使得比尔·盖茨这么有精力地工作、奋斗，突破一个又一个难关，带领微软取得了辉煌的成绩。

美国苹果电脑公司创始人史蒂夫·乔布斯曾对向他请教的创业者提出了这样两个问题："你所爱的是什么？你开公司想要做什么？"同时他建议创业者："去找份工作使自己忙碌起来，直到你找到答案为止。你必须对自己的想法充满热情，愿意为它冒险，如果你只想拥有一家小公司，那就算了吧。"

（二）在自己熟悉的领域选择创业机会

一般来说，创业者应在自己熟悉的行业里选择创业项目，这样才能提高创业成功的概率。股神巴菲特买股票时坚持的原则就是从不投资自己陌生的行业。大量的经验证明，许多工作不需要天才，也不需要拥有先进的技术和专利产品，而是需要从业者熟悉这个行业。

从庖丁解牛之"游刃有余"到卖油翁之"无他，唯手熟尔"，大量的事例都说明了熟能生巧的道理。所谓"外行看热闹，内行看门道"，只有深入了解、熟悉项目本身才能把握项目所在行业的状况。在自己熟悉的领域，创业者有前期的积累，也有较多可用的资源，倘若资源整合得当，将更易敲开财富之门。

"经营之父"松下幸之助之所以选择以生产电器插座起家，是因为他在这个行业做过学徒，熟悉本行业并学有所长。"领带大王"曾宪梓之所以选择从生产经营领带起步，是因为他曾在哥哥的领带厂里打工，对领带的生产技术和经营管理都十分了解，仅需要很少的成本就可以投入经营。

（三）选择与自己能力相匹配的创业机会

市场是最终的试金石，所以选择创业机会要认真调查分析拟选择项目是否有市场机会。所谓"东风不与周郎便，铜雀春深锁二乔"，纵使周郎雄略，尚需借得东风，因而创业者也需要考虑各种市场因素，并注意利用任何可能出现的市场机会。然而，如果你不具备把握市场机会的能力，再好的机会也不适合你。

例如，你准备开一家服装店，调查发现，某段时期唐装、中山装等旧式服装很受欢迎，而当时市场上无人经营这种服装。也就是说，这种服装的需求尚未得到满足，这就是一个市场机会。但对于创业者来说，这种客观存在的市场机会未必一定会成为自己的创业项目。因为市场机会成为创业项目是有一定条件的，首先，创业者必须具有利用该机会的资源能力和技术能力；其次，创业者可以利用该机会实现其经营目标。

（四）选择最有市场前景的创业机会

所谓有市场前景的创业机会，是指市场上存在尚未满足的需求，有市场空白处，市场竞争相对较小，存在创业的可能性。譬如你准备开办一个职业介绍所，调查发现，很多妇女在生孩子坐月子期间缺乏有经验的人照料其本人和婴儿，而当地市场上没有人提供这种专业化服务，也就是说该市场需求尚未得到满足，那这就是一个有市场前景的创业机会。

一般情况下，要想获得市场机会就要了解消费者，比如了解顾客的抱怨与生活习惯、重视顾客的意见等。除此之外，还要对相关行业相当熟悉，了解现实与需求之间的差距，从一些偶然的事件中发现市场机会。

（五）在国家政策和法律鼓励的领域选择创业机会

选择创业机会必须进行相应的市场环境分析，尤其要考虑国家的相关政策与法律因素，密切关注国家的政策与法律倾向。一是要看自己选择的项目是否属于国家政策和法律鼓励的范围。如果属于鼓励的范围，即使短期内预期利润不太高或需要较多的前期投资，只要项目本身发展前景好，也可以选择。二是要看所选择的项目是否属于国家政策和法律禁止或限制的范围。如果属于禁止的项目，无论预期的利润有多高都必须放弃；如果属于限制的项目，通常也应该放弃，因为选择这样的项目往往要付出高昂的代价，而且很难有较好的发展前景。

现在国家鼓励有关农产品的创业，因此农村创业项目就是一个很好的机会。国家现在对农村创业项目提供了不少资金、技术上的支持，有志于在农村发展的大学生可以考虑。

诚然，选择创业机会的依据很多，上述几种是比较常见且成功率相对较高的选择方式。大学生创业者可根据不同的创业环境、自己的特点及关系等因素选择创业机会。假如自己的家族在某些方面具有很强的实力，可以选择与之相关的领域创业。如自己家族的公司是做原料加工的，那么可以在加工原料的采购方面进行创业，也可以在成品后的销售方面进行创业，这样可能会提高创业的成功率。创业者也可以根据自己的人脉来创业，比如你有很多朋友对某个行业很熟悉，且你能把这些朋友很好地组织起来，你也可与你的朋友在相关行业创业。创业者无论怎样选择创业机会，都要坚持以下两点：一是要尽可能使自己在竞争中更具优势，提高自己创业的成功率；二是要尽可能选择能做好、做大、做强的有前景的项目。

第八章　创业过程指导

一、创业计划书

创业计划书，是创业者计划创建的业务的书面说明，被视为创业者开启投资者大门的"敲门砖"。创业计划书最大的功能为阐述和模拟与创设企业有关的内外部环境条件与要素特点，为准备创设企业的业务运转发挥导向作用，可以被视为衡量准备创设企业的业务运行状况的凭借。一般情况下创业计划书为市场营销、财务、制造、人力资源等职能规划的整合体。一份内容完整的创业计划书涉及创业者的志向与爱好，内容包括创设企业的商业机遇、公司规划的发展模式、所需资源、风险与预计收益等。

（一）创业计划书的作用

创业计划书是创业者在初创企业成立之前就某一项具有市场前景的新产品或服务，向潜在投资者、风险投资公司、合作伙伴等游说以取得合作支持或风险投资的书面可行性计划。

创业计划书的作用主要表现在以下方面：

第一，创业计划书详细解释了企业目标和创业全过程，是一份纲领性文件，为创业实践提供战略设计和现实指导。制订创业计划的整个过程也是创业者的一次创业模拟体验。

第二，创业计划书可以将创业过程中各种生产元素、市场信息和各种工作整合衔接起来，详细解释企业目标，为生产经营提供线路图，以实现利润创造。

第三，吸引创业人才以及志同道合者加盟，即有一样的梦想的人，才能在一条路上奔跑，形成合力共同面对前进路上的挑战。

创业计划书为创业者与外界沟通提供了基本依据，使融资机构和投资商能对企业或项目做出评判，从而使企业获得风险投资。

（二）创业计划书的功能

创业计划书是这样形成的：研讨创业构想，分析创业可能遇到的问题和困难，凝练创业计划的执行概要，并把创业构想变成文字方案，形成创业计划书。创业计划发展至今，已经由单纯地面向投资者转变为企业向外部推销宣传自己的工具和企业对内部加强管理的依据。

创业计划书的主要功能如下：

创业计划的撰写过程就是创业者进一步明确自己的创业思路和经营理念的过程，可以是自己的创业计划和行动提供理由。编制成功的创业计划书可以增强创业者的创业信心，这是因为创业计划书既明确了企业全部现状及其发展方向，又确立了良好的效益评价体系及管理监控标准，使创业者在管理企业的过程中对企业的每一步发展都能做出客观的评价，并及时根据具体的经营情况调整经营目标，完善管理方法。

书面的创业计划是新企业战略规划和管理能力的象征，它使创业者与企业外部的组织及人员得以良好的沟通，是企业进行对外宣传的重要工具。一份好的创业计划可以向局外人（例如有关的领导人和供货商）表明创业者将怎么做生意，同时也表明了创业者对企业的全力投入。

（三）创业计划书的内容

1. 发展规划：瞄准商机，准确定位

公司（项目）的发展离不开宏观规划和微观规划。其中，微观规划是确定公司（项目）的基本格局，即在深入调研论证和前期准备的基础上，做好基础性规划工作，比如，确定公司（项目）名称、成立时间、注册地区、注册资本、主要股东、股份比例、主营业务等。

一些吸引投资的创业计划书还要写明公司地点、电话、传真、联系人等信息，便于投资人了解具体情况和进一步联络。公司（项目）名称要简单、响亮、易记、有特色，与主营业务、经营理念相符合。主营业务要明确具体，让人一目了然。公司的发展规划要根据公司（项目）的具体情况，做好公司（项目）发展的顶层设计，对公司的宗旨、经营理念、发展目标、发展战略、企业文化等进行提炼概括。公司（项目）的目标、理念、宗旨等，则是对公司（项目）的宏观规划，事关公司的未来发展，一旦确定，公司（项目）便可在这些核心理念的指引下采取相应的发展举措，实现进一步发展。

2. 市场分析：精准切入，奠定基础

首先是行业分析。公司（项目）的发展离不开对行业、市场的深入研究和分析，创业者必须全面掌握行业的基本特点、发展历史、发展现状、发展程度、发展动态和趋势等信息，只有了解行业大局、大势，才能为创业者在行业中有所作为奠定基础。其中，最为重要的是，创业者要准确分析市场规模及增长趋势、市场容量、预计市场占有率、行业总销售额、总收入、价格趋向等因素。有时，创业者还要分析政府的鼓励和限制政策、经济发展对行业的影响、行业发展的决定因素、贸易壁垒等，并重视行业创新和技术进步对公司（项目）的作用及进入行业的技术障碍等事项，只有做好了政策和技术准备，才能让公司（项目）进一步发展。

其次是客户分析。公司（项目）发展壮大的关键因素之一是做好客户分析。要精确界定目标市场、目标客户，科学分析目标客户的特点、变化规律、消费能力等，以便根据不同的市场、不同的客户采取有针对性的营销手段，实施合理的上市、促销、定价等策略，以获取最大经济利益。

最后是竞争分析。每一家公司、每一个创业项目都不可避免地面临着同类公司（项目）的市场竞争。一般情况下，可以通过分析比较产品、价格、市场份额、地区、营销方式、管理手段、特征及财务力量等要素，选准同行业的竞争者，并分别分析自身、竞争者的优势和劣势，取长补短，寻求在激烈的市场竞争中脱颖而出的发展策略。

3. 产品服务：合理定位，突出特色

产品、服务是公司（项目）发展的核心要素，创业者需要做好全方位、多角度的考察论证，选准产品、服务种类，明确其分类、名称、规格、型号、产量、价格、产品商标注册情况等基本信息，如此才能在市场上占有一席之地。有时，创业者还要对产品的概念、性能及特性、市场竞争力、市场前景预测有清晰的判断。必要时，创业者还要对新产品的研发计划、成本，以及品牌和专利、著作权等问题进行深入分析。

4. 营销策略：有的放矢，定向施策

营销是创业者获取经济利益的必要手段。不同的营销策略会产生不同的结果，带来不同的经济效益。创业计划书首先要做好价格决策，根据产品生产成本、销售成本合理确定价格。其次是确定营销目标，明确达到什么样的销售目标、盈利目标，对月销售额、年销售额有一个合理的预期，然后根据市场情况，确定营销方法，既可以选择自主营销，也可以选择非自主营销渠道，设立代理商、分销商进行营销，并建立销售网络、销售代理系统和售后服务体系。最后，创业者要完善能够充分调动工作积极性的激励机制，加强营销队伍管理，根据市场变化做出促销计划和广告投放计划，进行竞争性推销、市场渗透，保持和提高市场占有率。

5. 组织管理：健全机制，优化管理

一家发展健康的公司（项目）必须有科学合理的人力资源分配计划。首先要确定组织结构，明确公司（项目）的管理模式，制定部门的功能和职责，做到机制顺畅、政令畅通，减少管理环节，提高管理效能，避免"肠梗阻"，并要压实责任，确保各项目标任务逐一落实。其次要做好人力资源规划，组建和健全管理团队，制订人员招聘与培训计划，完善人员管理制度、薪酬体系与激励机制，建立高效的管理队伍。一些用于吸引投资的创业计划书，需要介绍创业者、主要管理者的基本情况，比如，姓名、性别、年龄、籍贯、学历、学位、毕业院校、政治面貌、从业年限、主要经历和经营业绩等，这些信息便于投资者对核心管理层有所了解，做出投资选择。

6. 财务规划：合理统筹，保障稳健

加强财务工作，做好资金管理和内部控制，是公司（项目）发展的前提。一般情况下，创业计划书要对营业费用预算、销售预算、现金流量、盈亏等进行分析预测，特别是要加强流动资金管理，并制订周详的计划，避免出现财务危机和资金链断裂。有时，创业计划书还要做好未来三到五年的财务资料预测。如果有专业的财会人员，可以编制销售收入明细表、成本费用明细表、薪金水平明细表、固定资产明细表、资产负债表、利润及利润分配明细表、现金流量表，做好财务盈利能力、项目清偿能力等财务收益能力分析，对未来销售收入、利润、资产回报率等进行精细化财务预测。

7. 风险控制：未雨绸缪，规避风险

创业计划书要针对项目实施过程中可能出现的风险，拟定必要的控制措施。一般来说，公司（项目）风险主要包括经营管理风险、技术人才风险、安全和污染风险、产品市场开拓风险、政策风险、融资风险、对核心人员依赖风险等。针对这些风险，创业计划书中要制定规避策略，确保公司（项目）健康、持续运行。创业计划书中还要为投资者事先找出退身之道。就目前市场运作来看，投资者退出的方式主要有股票上市、出售，公司、创业者或第三人把投资者拥有的本公司权益买回、兼并、合并等几种方式，创业计划书可对这些事项进行说明。

创业计划书是计划的一种，属于专项计划。由于其作用特殊，写作时要论证严谨，注重细节；考虑全面，不能遗漏任何一个环节；表述准确，通俗易懂，不能产生歧义和异议。创业计划书是创业者的希望所在，只有深思熟虑，细致谋划，并深入论证分析这七个要素，才能为创业成功打牢基础。

（四）创业计划书的信息收集

创业是创业者在复杂的环境中实现自身价值的过程。在计划尚未成熟之前，要使自己的产品或服务能激发并满足未来客户的需求，有必要收集并分析市场信息，最大限度地减少创业风险。同时，要运用适当的信息分析手段，从客观的角度分析顾客的需求，避免主观臆断。

1. 市场主要信息

市场信息是指一定时间和条件下，与生产或服务有关的各种信息、情报、数据、政策法规、资料等的总称。创业者经常处在一种信息多样、需求不确定的环境中。哪些产品能够赢得潜在客户、哪种产品能够激发客户新的需求、哪些顾客是产品和服务的真正潜在客户等，都需要创业者从复杂多变的信息中认真分析、去伪存真。

创业者应立足于自己所处地域的政治经济环境，根据其人口状况、收入水平、风俗习惯、消费好以及自己的特长、兴趣等情况来收集市场信息。创业者的经济情况也对市场信息的收集有重要影响，资金充裕的创业者与白手起家的创业者对信息的需求肯定是不一样的。无论在哪种状况下，创业者都应该对市场的主要信息有所了解。

（1）政治政策状况

这包括国家有关政策、地方性政策法规、重大政治活动、政府机构情况等，特别是一些行业发展、财政金融、银行贷款、宏观控制等方面的信息，对创业者的选择起到决定性作用。如一些地方性法规对网吧的管控，就限制了许多创业者进入该行业。

（2）经济发展水平

经济发展水平是指国民经济的现状及其发展趋势，经济发展水平的高低影响着人们的消费需求，消费需求又决定着创业者的创业方向选择。如在经济发达地区，传统手工艺饰品比在落后地区更受欢迎。

（3）技术发展趋势

技术发展会带来市场需求结构的变化，也会带来供给结构的变化，因此，创业者必须对行业技术变化趋势进行跟踪，深入了解、准确把握技术发展趋势。

（4）人口统计

这包括选择创业地区的人口总数、性别、年龄构成、职业分布、收入情况，以及家庭人口、户数和婚姻状况等。通过对这些数据的统计分析，可以为创业提供依据，从而为创业者确定目标客户群体和目标客户需求提供方便。如我国的人口老龄化将为步入银色产业的创业者提供大量的创业机会。

（5）社会文化与风土人情

社会文化影响着消费需求的倾向，从而影响着创业者对事业的决策。因此，创业者也要对创业地区的民族分布、文化特点、风俗习惯、生活方式、流行风尚、民间节日和宗教信仰等信息进行了解。

（6）顾客需求

顾客需求是创业的中心和出发点，是创业者需要重点了解的信息。虽然政治、经济、技术、文化等对顾客的需求都有不同程度的影响，但创业者仍需对顾客的直接消费习惯、购买偏好、购买动机等信息进行更详细的发掘，从而确定自己的细分目标。

（7）产品及服务情况

产品或服务是创业者联系顾客的载体，处于创业者销售链的末端，直接决定着创业的成败。产品或服务的信息需要创业者了解产品或服务本身的信息、产品或服务的竞争信息、原材料供应商信息等。其中产品本身的信息包括产品是否先进、产品技术是否成熟、产品的销售渠道是否畅通等；产品竞争信息包括产品的比较竞争优势、竞争产品的技术水平、销售及市场情况等；供应商信息包括供应商能否及时提供原材料、原材料的质量情况、供货渠道是否畅通等。

上述市场信息是客观存在的，这些信息数量繁多、情况复杂，但都是可预测的。因此，需要创业者运用必要的技术手段进行收集、分析和甄别这些信息，找到最适合自己的创业机会。

2. 市场信息收集的直接方法

收集市场信息最直接的方法就是观察或者询问潜在客户对产品及服务的感受，然后根据这些感受来认知创业机会。通常直接方法可以通过观察、面谈、电话询问、集中小组讨论、网络问卷等方法来进行。

（1）观察法

观察法是最简单的信息收集方法。创业者可以通过观察潜在客户的行为或反应达到收集所需信息的目的；也可以通过观察行业领跑者的行为来获取必需的经验。观察法获取的信息较为客观，具有一定的真实性，但很难了解用户需求的真正动机。

（2）面谈法

通过与潜在客户面对面的交谈，创业者能够比较容易地获得所需的信息。根据所处的实时环境，创业者可以灵活地采用不同的谈话技巧，使交谈顺利进行。面谈法能够得到比较可信的资料，但也可能受交谈方式和技巧的影响，使信息失焦。

（3）电话询问法

电话询问法即由创业者根据抽样要求，在样本范围内，用电话询问潜在客户以获得信息的方式。电话询问很容易就能在较短的时间内获得大量信息，并能以统一格式来询问，所得资料也便于统一处理。但这种方法不易得到潜在客户的合作，也不易询问复杂的问题，因此，适宜用于创业前期的信息了解。

（4）集中小组讨论

集中小组讨论法其实就是多人面谈法，它能够收集更深层的信息。一个集中小组可邀请8~12名潜在客户参加有关创业者创意的讨论。讨论可以由一位有经验的主持人或创业者以外的其他人主持，以一种轻松友好的方式来激发参与者贡献各种观点。集中小组讨论有助于创业者获得更为真实的信息，但信息的质量也会受到设定问题的影响。

（5）网络问卷法

网络问卷法一般有两种：一种是创业者借助计算机网络技术，将所关心的问题放置到相关网页上，通过网络点击等手段获取信息；另一种是借助电子邮件向抽样群体发送问卷，通过回收问卷获取信息。网络问卷法由于具有较高的回收率、成本低等优点，而被广泛采用。

在运用上述信息收集方法的过程中，特别是采用电话询问法或网络问卷法时，要克服确认性偏见的影响。确认性偏见是一种只收集能够证明自我信念和偏好信息的强烈倾向。这种主观倾向使创业者陶醉在设定好的回答中，而忽略了一些重要因素对创业信息的影响，如便利性、习惯性等。

3. 市场信息收集的间接方法

收集市场信息的直接方法通常需要花费较大的人力、物力和财力，有些信息仅靠创业者个人的力量难以收集，因此，还可以通过间接的方法来收集信息。

对创业者来说，收集市场信息最方便的方法是充分利用已有的数据或资料，即通过间接的方法获取二手信息。这些信息可以来自各种渠道，从报纸杂志、图书馆、行业协会、网络、大学或专业咨询机构都可以获取这些信息。这些信息可以归纳为以下七种。

（1）普查信息：由政府机构或有关组织进行普查活动所得到的统计资料。这些资料准确性强，具有一定的权威性，特别是政府组织的普查资料尤其可靠，如经济普查、人口普查的资料，能够使创业者迅速了解经济环境和人口比例，精准地确定目标市场。

（2）行业信息：一般是由行业主管部门登记注册的资料，如婚姻登记资料、机动车登记资料等；也有行业协会定期或不定期发布的一些行业动态、年度报告等，如汽车的种类和产销量、钢材的产销量等。行业信息具有一定的全面性，比较可靠。

（3）广电传媒：广播电视传播的信息形象生动，具有速度快、辐射面广、新颖且有吸引力等特点，能够给创业者提供最为直观的信息。如中央电视台的"经济半小时""致富经"等节目介绍了大量的创业经验和创业信息，起到良好的示范作用。

（4）报纸杂志：报纸杂志集中了大量的广告和各类信息，特别是一些专业的报刊，有专门的分类信息，利于创业者发现和寻找机会。但是报纸杂志信息的真实性需要创业者仔细分辨。

（5）商业信息：是由各类市场调查机构依据商业操作的原则收集整理的资料。由于各类商业机构均有各自的商业利益，其整理的资料往往代表了自身的看法和观点，具有一定的主观性，创业者在使用这些信息时要加以注意。

（6）网络信息：互联网也可以提供有关竞争者和行业的深层信息，甚至可以通过观察潜在客户对网上某些问题的反应直接获得某些信息。但网络信息也存在真伪，创业者应该加强防范，避免落入陷阱。

（7）各种社会活动：社会上的不少集体活动，如联谊活动、各种交易会、博览会、报告会、讨论会、技术推广会等，本身就是面对面进行信息交流的过程，从这些活动中获得的信息更加直观。

间接获取创业信息的方法绝不仅仅只有以上七种，可以说创业信息无处不在，重要的是创业者要有洞察事物的能力，能够从缤纷复杂的表象中提取对自己有用的信息。间接法收集信息较为容易、花费少、来源广、节省时间，但也存在适应性和针对性较差，以及精确度不足等问题。这些信息有时需经进一步加工处理才能使用。创业者可根据自身所处的情况选择相对便利有效的方法。

（五）撰写与展示商业计划书

1. 言简意赅，论述清晰

阅读创业计划书的群体通常将时间视为最宝贵的财富，其可能在不经意间对计划书进行评判。所以，计划书中的概要应该带有一定的魅力，从而能够吸引投资者眼球，让其看到企业长期发展使命，同时让其对创业企业职员、技术与经济市场地位有全方位的认识。

通常情况下，企业计划书阅览者在极短的时间捕获实施概要中新企业面貌以后，若认为计划具有可执行性与可拓展性特征，那么其继续阅读的兴致就被激发出来。企业计划书中的实施概要可以被比作个体的面容，撰写实施概要应该力争做到言简意赅，论述透彻；而封面、目录及企业名称可以被视为个体的五官，五官是否被装饰得美观得体，直接关系到阅读者对创业计划书质量的"首要印象"。

2. 排版规整，装订美观

创业计划书内的封面、目录、实施概要、附录、图表等部分应注意编排的合理性、美观性与整洁性，这与阅读者对创业计划书初始评价效果之间存在密切的关联性。换句话说，排版、装订与印刷均应该体现出精细性特征，只用订书器装订的创业计划书看起来较为随意，可能使阅读者产生计划书撰写者不重视计划书撰写工作的感受。所以创业计划书撰写的基础准则之一为排版规整、装订美观。

3. 言辞应该切合实际

高质量的创业计划书应该凭借客观性的内容引领投资者思想，强化其与创业团队之间思想的匹配性。也就是说被撰写的创业计划书应该具有一定的感染力，紧靠企业发展实况，避免出现天马行空的现象。若计划书中陈述的内容乐观过度或预获目标过大，将会降低其自体的信度系数。企业营销潜力、收入预测估算、增长潜力均应该与现实情况贴近。最优、最劣的情况均应该在创业计划书内呈现出来。现实中，部分风险投资者经常根据"计划折扣系数"，主观地认为获得成功的新企业一般只会实现其50%左右的规划财务目标。所以相关人员在编写创业计划书时，应该秉持脚踏实地的准则，切忌夸大事实。

4. 阐明关键风险因素

新企业在运转进程中有很大概率遇到的关键风险因素，是创业计划书内不可或缺的成分，是投资者与银行家关注的焦点。辨识与探究新企业中存在的风险，可以间接地体现出创业者的整体素养，强化投资者对创业者团队的信任度。积极指出并探究风险，能够向投资者证明其有一定的能力管控与应对这类风险，从而实现协助项目投资者消除"疑团"的目标。所以在撰写创业计划书的过程中，阐述创业者对危机处理能力是非常必要的，这能使投资者洞察到创业者团队具有管控相关风险的能力。创业计划书的内容只有清晰地表述了新企业后续发展问题，编制了应急或变通规划，才更可能获得投资者和银行家的肯定。

5. 突显优秀创业团队特性

撰写创业计划书为企业内部管理的一部分，其目的之一是使投资者发现创业团队具备一定管理能力与资源合并能力。风险投资者存在一种共识，即宁可投资产品创意薄弱、创业团队强的项目，也不愿投资产品创意强、创业团队薄弱的项目。所以，创业者在构建创业队伍之时，要分析团队成员的整体能力、生活阅历、教育背景、志向、爱好与品德等因素，从而使投资者看到创业团队具备的热情、专业性、人脉资源宽广性、创新能力高超性、优势互补性等特征。

6. 数据精准，可操作性强

创业计划书中不能用过多的形容词描述企业自身和竞争对手的优劣，而应用精准的数据表达，量化企业占地面积、员工人数、预计销量和销售额等数据，让人易于清晰地发现创业计划书本身的价值和判断企业项目是否能够实现。精确的设备数量、所需金额，流动资金等数据，以及这些数据对应设备是否能满足预计销量的需求，人员安排能否完成销售任务所需产量，如何进行促销，如何针对目标顾客满足他们的需求，这些内容都要在计划书中认真体现，这样计划书的可操作性才能得到保证，创业者才能在有足够资金支持的情况下把计划书真正转化为真实企业。

二、创业融资

（一）创业融资的含义

从狭义上讲，融资是一个企业的资金筹集的行为与过程，是企业依据自身的生产经营状况、资金拥有状况，以及未来经营发展的需要，通过科学的预测和决策，采用一定的方式，从一定的渠道向企业的投资者和债权人去筹集资金，组织资金的供应，以保证企业正常生产需要、经营管理需要的理财行为。从广义上讲，融资也叫金融，也就是货币资金的融通，是当事人通过各种方式到金融市场上筹措或放贷资金的行为。

（二）大学生创业融资困难的影响因素

筹措创业资金难是大学生创业面临的重要问题。大学生创业者的主要资金来源为自筹和外部资助。目前，大学生创业资金的来源主要有：全部来源于社会捐赠、学校针对社会捐赠的配比、全部来源于政府资助、学校针对政府资助的配比、社会捐赠和学校、政府共同支持。这些来源渠道显然不能满足日益增多的大学生创业资金需求。而大多数大学生创业者的资金自筹能力又很有限，而来自外部的资助都有一定的条件限制且来源渠道狭窄，融资难度较大，这在一定程度上影响了大学生创业的积极性。

1. 创业启动资金匮乏

启动资金对大学生创业者至关重要，但筹集启动资金是大学生创业遇到的第一个难题。在校大学生或大学毕业生基本没有收入或积蓄，创业的启动资金必须通过外部支持。目前，有近七成的大学生所能承受的创业启动资金不足 10 万元，而绝大多数大学生创业项目通过各级政府或高校得到的政策性投入很少且一部分政策具有短期性，大学生在项目初创期后很难得到持续的资金支持。这些因素导致大学生最终只能放弃一些具有一定发展前景的项目。

2. 融资渠道狭窄

大学生自主创业的自筹资金主要来自父母、亲友资助和个人积蓄，外部资金支持主要来自由各级政府与金融机构推出的青年创业小额贷款，以及企业在高校设立的创业基金，一些社会组织如工会、银行、企业联合推出的创业贷款基金等。而拥有大量资金的企业、银行、担保公司、风险投资机构等则考虑到大学生创业项目的风险大、投资回收期长、投资收益率低、还款能力差等综合因素，很少支持大学生创业项目。

另外，我国个人商业贷款的主要形式是抵押贷款、存单抵押、第三方担保等，而大学生普遍缺乏抵押物或担保人而很难获得金融机构融资。目前，发达国家普遍通过风险投资机构等支持大学生创业融资，但这在我国还需要一定的接受和适应过程。

3. 限制条件较多

近年来，国家和各地方政府、高校出台了很多有针对性的大学生创业资金扶持政策，但这些政策落实起来却困难重重，许多学生的"硬件条件"还不能达到规定的门槛。以小额贷款项目来说，有营业执照是银行提供贷款的硬性指标，即使创业项目符合贷款条件，大学生创业项目贷款还存在贷款手续复杂、申请时间长的问题。另外，由于大学生创业项目风险较大，我国又没有相关的风险保障，创业一旦失败，大学生就可能负债累累，这也是大学生很难从金融机构获得资金帮助的因素之一。当前，大学生创业支持政策还存在地区差异问题，有的资金支持政策只偏向本地生源，不少外地生源的大学生即使满足其他条件，也可能被挡在"本地生源"门槛之外而不能贷款，而且创业项目计划、经营场地等也要经过相关部门的层层审核。

4. 政府投入不足

目前，我国还没有政府牵头的全国性的大学生创业支持基金，地方性的大学生创业基金也只在发达地区试水。现有的大学生创业支持投入计划与实际需求还有较大差距。国家对于大学生自主创业有各种各样的优惠政策，但由于大学生创业具有回报少、风险大的特点，各地政府在具体支持方案的制定上缺乏动力，支持政策不能得到很好的落实，一些支持行动还没有真正开始实行。

（三）创业融资的步骤

一般来说，创业融资过程包括融资前的准备、资本需求量测算、创业计划编写、融资来源确定及融资谈判与技巧五个步骤。

1. 融资前准备

首先，建立个人信用。市场经济是一种信用经济，信用在创业融资过程中发挥着很重要的作用。俗话说，"有借有还，再借不难"，创业融资免不了同银行或其他债权人打交道。个人信用是借款人决定能否把钱贷给借款人，以及决定贷款数量多少和贷款期限长短的重要依据之一。个人信用记录包括四个方面：一是个人情况，包括姓名、婚姻、家庭成员状况、收入状况、职业、学历等；二是商业信用记录，包括在各商业银行的个人贷款及偿还记录，个人信用卡、个人银行卡使用情况等有关记录；三是社会公共信息记录，包括个人纳税，参加社会保险，缴纳水电费、手机费、电话费及个人财产及变动等记录；四是有可能影响个人信用状况的涉及民事、刑事、行政诉讼和行政处罚的特别记录。因此即使个人从未向银行申请过贷款，银行也可以依据个人信用记录中的其他信息评估个人信用。所以，为保障创业融资顺利进行，创业者应努力建立起良好的个人信用记录，遵纪守法，为日后创业融资打下信用基础。

其次，积累人脉资源。创业者的关系网络是创业企业的重要社会资本。创业融资的过程往往也是创业者通过建立人际关系获得融资资本的过程。许多研究表明，创业者的人脉关系对创业融资和创业绩效有着直接的促进作用。我们不应该把人脉关系等同于"拉关系"等寻租行为，而是应基于正常的社会经历，建立诸如师生、同学、朋友、同事等人际关系，这些关系在创业过程中会带来有用的信息和资源，创业者应充分利用人脉资源广结善缘，为创业融资做铺垫。

2. 资本需求量测算

创业融资，既有成本也有风险，资本并非越多越好。资本需求量的测算是融资的基础。每个创业者在融资前都需要了解自己需要多少钱、什么时候需要钱。创业者合理估算资金需求，有利于提高融资的成功率和降低融资风险。

首先，估算启动资金。创业项目需要多少启动资金要视项目的种类、规模、经营地点等情况而定。以小额投资项目为例，项目所需的资金主要由以下四部分组成：一是项目本身的费用，即付给所选定项目的直接费用，如购买某项技术、机器设备的费用，项目的加盟费用等；二是经营设备工具等购置费用，主要是项目在经营过程中所需要的辅助设备与工具，比如开一个糕点房，除了要置办制作糕点的烘焙设备外，还需要添置冰柜等辅助工具；三是房租、房屋装修费及流动资金等，这部分费用要根据当地市场行情计算；四是经营周转所需要的资金，包括人员工资、水电费、电话费、材料费、广告费、维修费等，项目在最初运行时需要经过至少3个月的市场培育，其间往往盈利很少甚至会出现亏损。创业启动资金通常只能大概地估算，准确的数字比较确以确定，因为在经营过程中总会有一些不确定的情况出现，因此必须事先备足资金。通过事先调查制定相对明晰的资金预算表将有利于项目的正常开展。

其次，测算未来三年营业收入、成本和利润。创业早期对未来3个月成本估量主要是为了筹集启动阶段的资金以解决短暂的资金需求。事实上，从初期净资本投入到实现盈利往往需要一年至二年的时间，甚至可能需要长达五年的时间，其间创业者会不断面对持续融资的问题。对于创业企业来说，预估营业收入是制定财务计划和财务报表的第一步。为此，创业者需要根据市场调查结果、行业营业状况、自身实销经验、推销人员意见、专家意见等，来估计每年的营业收入。之后，要对营业成本、费用及一般费用和管理费用等进行估计。由于创业企业在起步阶段在市场上常默默无闻，市场推广成本大，营业收入和相应成本递增比难以可能达到预期。

因此，对于第一年的全部经营费用都要按月估计，每一笔支出都不可以遗漏，在预估第二年及第三年的经营成本时，应重点关注那些长期保持稳定的支出。如果第二年及第三年销售量预估比较明确的话，则可以根据营业百分比法，即根据预估净营业量，按固定百分比计算折旧、库存租金、保险费、利息等项目的数值。在完成上述项目预估后，按月估算出税前利润、税后利润、净利润及利润表的内容，随后编制预计财务报表。

最后，编制预计财务报表。创业企业可以采用营业百分比法预估财务报表。这一方法的优点是能够比较便捷地预测出相关项目在营业额中所占的比率，以及相关项目的资本需求量。但是由于相关项目在营业额中所占比率往往会随着市场状况、企业管理情况等因素发生变化，因此必须根据实际情况及时调整有关比率，否则会对企业经营造成负面影响。为此，在预计财务报表时需要考虑多种情境，比如最乐观的情况、最悲观的情况及现实情况等。这样的预测既有助于潜在投资者更好地了解创业者如何应对不同的环境，也能使创业者熟悉经营的各种因素，防止企业陷入可能的困难。

3. 创业计划编写

创业企业对于资金的需求，需要通盘考虑企业创办和发展的方方面面，编写创业计划是一种很好地对企业未来进行规划的方式。在创业计划中，创业者需要估计未来可能的销售状况，为实现销售需要配备的资源，并计算出所需要的资金数额。无论企业规模大小，有创业计划的企业通常比没有计划的企业表现得要好。当代一些知名创业家，如李彦宏、张朝阳、陈天桥等，他们的成功都得到了创业资本支持，而提供一份有说服力、能体现企业创业前景的创业计划都曾是他们及其团队重要的工作。

4. 融资来源确定

确定了创业企业需要的资金数额之后，接下来的工作就需要创业者进一步了解可能的资金筹集渠道及其优缺点。根据筹资机会的大小及创业者对企业未来的所有权规划，创业者要充分权衡利弊，确定所要采用的融资方式。

5. 融资谈判与技巧

无论创业计划写得多好，与资金提供者谈判时表现糟糕的创业者，仍很难获得融资。在选定拟采取的融资方式之后，创业者需要与潜在投资者进行融资谈判，让其充分了解企业各方面的情况和市场前景。要提高谈判成功的概率，要求投资者做好四个方面的准备。一是创业者要对自己的创业项目非常熟悉、充满信心，并对潜在投资者可能提出的问题，事先做好准备。二是创业者在谈判时要抓住时机陈述重点，创业者应注意把投资者最感兴趣的内容醒目明了地呈现出来，让投资者看到一幅美好的创业蓝图，以坚定其投资信心。三是准备放弃部分业务和作出妥协。创业者应有心理准备，融资谈判通常需要通过若干次会谈才能完成。在谈判中要尽可能让投资者认识和了解本企业产品或服务，并且始终把注意力放在创业计划上。除此以外，创业者在一般情况下还应向有经验的人士进行咨询，阅读关于谈判技巧的书籍，以提高融资谈判的成功概率。

（四）创业融资的方式和渠道

1. 融资方式

（1）内部融资和外部融资

内部融资是企业依靠其内部积累进行的融资，具体包括三种方式：资本金转化为重置投资、折旧基金转化为重置投资和留存收益转化为新增资本。内部融资具有原始性、自主性、低成本性和抗风险性等特点。

外部融资是指企业通过一定方式从外部融入资金，包括银行借款、发行债券、融资租赁、商业信用等负债融资方式，以及吸收直接投资、发行股票等权益融资方式。外部融资具有高效性、灵活性、大量性和集中性等特点。

（2）直接融资和间接融资

直接融资是指资金供求双方之间直接融通资金的方式，是资金盈余部门在金融市场购买资金短缺部门的直接凭证，如商业汇票、债券和股票等。另外，政府拨款、占用其他企业资金、民间借贷和内部集资也属于直接融资范畴。直接融资具有直接性、长期性、不可逆性和流通性等特点。间接融资是指企业通过金融中介机构间接向资金供给者融通资金的方式，它由金融机构充当信用媒介来实现资金在盈余部门和短缺部门之间的流动，具体的交易媒介包括货币和银行、存款及银行汇票等。另外，"融资租赁""票据贴现"也属于间接融资。间接融资具有直接融资不同的特征，即间接性、集中性、安全性和周期性。

（3）股权融资和债券融资

股权融资的方式包括创业者自己出资、争取国家财政投资、与其他企业合资、吸引投资基金投资及公开向市场募集发行股票等。股权融资的特点在于引入资金无须返还，不需要支付利息且不必按期还本，但需按企业的经营状况支付红利。当企业引入新股东，企业的股东构成和股权结构将会发生变化。债权融资包括向政府、银行、亲友、民间借贷和向社会发行债券等。债权融资特点是融资企业必须根据贷款协议按期归还本金并定期支付利息，一般不影响企业的股东及股权结构。

2. 融资渠道

（1）私人资本融资

私人资本融资渠道主要包括创业者个人资金、向亲朋好友融资、天使投资等。因为创业企业具有的融资劣势，使他们难以通过传统的融资方式，如银行借款、发行债券等获得资金，所以，私人资本成为创业融资的主要组成部分。根据世界银行所属的国际金融公司（IFC）对北京、成都、顺德、温州四个地区的私营企业的调查，我国的私营中小企业在初始创业阶段几乎完全依靠自筹资金，企业90%以上的初始资金都是由主要的业主、创业团队成员及其家庭提供的，而银行、其他金融机构贷款所占的比重很小。

①个人资金。研究发现，70%的创业者依靠自己的资金为新企业提供融资。个人资金具有使用成本低、得来容易和使用时间长等优势。其他投资者在提供资金支持时，也会考虑创业者个人资金投入的情况。但是个人资金主要来自父母的支持和自己的资金积累，因此这一融资渠道受家庭条件的影响较大。

②向亲朋好友融资。除创业者的个人资金外，亲戚朋友的资金支持是资金来源的另一种主要形式。其优点是成本低、易获取；缺点是投资人和创业者在管理权及利益分配上容易产生冲突。因此大多数的亲友融资只能作为启动资金在创业初期使用，以免日后出现纠纷。

③天使投资。天使投资是一种非正式的风险型投资活动，投资资金来自天使投资人个人财富的积蓄。天使投资人通常以股权的形式投资于早期创业企业，股权的平均持有期限为5~8年。天使投资人除了提供资金之外，还会积极地参与创业企业的管理，用自己的创业经验或专业技能来指导和帮助创业企业家。天使投资主要以极具成长性的高科技创业企业为投资对象，投资的风险较高，因此它所要求的投资回报也很高。在欧美国家，天使投资期望的税后年均回报率高达30%~40%。中国的天使投资目前主要有"中国量化投资网""中国创投门户""中国天使投资协会"等。

（2）机构资本融资

机构资本融资大致分为银行贷款、信用担保系统融资、风险投资、创业投资、创新基金、政府的扶持资金。

①银行贷款。银行贷款是很多创业者青睐的融资方式。目前银行贷款有四种方式：抵押贷款、信用贷款、担保贷款、贴现贷款。银行贷款的优点是可靠、融资成本低、可以续贷。但是银行贷款的融资门槛高，所以虽然银行提供的贷款方式很多，但是对于创业初期的毕业生而言，大多很难从银行贷到自己所需的款项，即便可以，所贷金额也较少。

②信用担保系统融资。一方面中小企业融资难，大量企业嗷嗷待哺；另一方面银行资金缺乏出路。因此，随着国家政策和有关部门的大力扶植及担保贷款数量的激增，中小企业担保贷款必将成为中小企业另一条有效的融资之路，为创业者"安神"。

③风险投资。广义的风险投资泛指一切具有高风险、高潜在收益的投

资；根据美国全美风险投资协会的定义，风险投资是由职业金融家投入新兴的、迅速发展的、具有巨大竞争潜力的企业中的一种权益资本。

④创业投资。创业投资是指实行专业化管理、为新兴的以成长为诉求的未上市公司提供股权式融资的资本。其基本特点为：①这种投资是一种有风险的投资，失败率高，成功率低；②这种投资是一种组合投资，为分散风险，通常需要投资若干项目群；③这种投资是一种长期投资，通常要经过 3~7 年才能退出并取得收益，其间要对有前景的项目不断增资；④这种投资是一种权益投资，而不是债权投资；⑤这种投资是一种专业投资，不仅提供资金，还提供管理经验和社会联系；⑥这种投资投资的不是通常所说的"小企业"，而是增长潜力很大的"襁褓中的巨人"。美国是创业投资的发祥地，从 1946 年全球第一家创业投资公司美国研究与发展公司（ARD）成立，创业投资开始兴起。该公司早期成功的案例有在 1957 年投资 7 万美元于美国数据设备公司，14 年后该笔投资获得 461 亿美元的回报。Intel、UPS、Sun、Yahoo、Microsoft、Google 等企业的成功无不借助了创业资本的力量。

⑤创新基金。近年来，我国的科技型中小企业的发展势头迅猛，已经成为国家经济发展新的重要增长点，政府也越来越关注科技型中小企业的发展。同样，这些处于创业初期的企业在融资方面所面临的迫切要求和融资困难的矛盾，也成为政府致力解决的重要问题。鉴于此，结合我国科技型中小企业发展的特点和资本市场的现状，科技部、财政部联合建立并启动了以政府支持为主的科技型中小企业技术创新基金，帮助中小企业解决融资困境。

⑥政府的扶持资金。通常指的是我国政府使用财政手段通过政府与企事业单位、科研院所的共同投资，增加特定领域研发投入，加速产业化成型，带动相关产业快速发展，进而实现国家层面上的宏观经济目标、科研及国防等目标的融资方式。各类政府扶持资金之间没有特别明晰的界限划分，一般由有关主管部门来进行区分。

（五）创业融资的策略

解决大学生创业资金筹集难问题，需要政府、高校及社会三方面的共同作用，建立完善的大学生创业资金支持系统，借鉴发达国家的经验，结合我国的国情，探索我国大学生创业资金筹集的多元途径。

1. 政府加大对大学生创业的投入力度

由于大学生创业是解决大学生就业的新渠道，并存在一定的风险性，因此，政府对大学生创业应树立扶持为主、盈利为辅的意识，设立国家青年创业基金、种子基金、大学生创业培训补贴、大学生创业启动资金补贴，设立专项资金为贫困大学生群体和少数民族大学生创业提供扶持，并为回乡创业的大学生出台优惠政策。而对于更加具体的大学生创业资金扶持手段，需要针对不同个体的情况进行有针对性的支持。目前，有学者建议采取"三级扶助方式"方法，分层次为大学生创业提供资金支持：一是无偿性扶助，对所申请项目技术含量高、创新性强、具有核心知识产权的高新技术成果转化项目，实行无偿性扶助；二是贴息性扶助，主要针对普通初次创业青年，由基金和金融机构贷款配合，提供三至六个百分点的贴息贷款；三是一般性扶助，主要针对二次创业青年，由参与青年创业扶助的金融机构按照人民银行基准利率提供商业贷款。

2. 拓宽融资渠道

对达不到金融机构贷款要求的大学生，政府应突破传统的政府投入及银行贷款等融资渠道，发展面向大学生创业者的公益型资助基金，采取"资助—回报—再资助"的资金循环利用模式，形成可持续发展的资助形式。政府和高校还可通过举办创业大赛等方式积极搭建平台向风险投资商推荐大学生创业项目，为大学生创业项目争取风险投资，让风险投资商和大学生共担风险。政府还可以建立以技术、专利入股的融资机制，该机制使大学生无须投入资金，只需把自己的科研成果变成股份，注入企业生产过程，再通过商品买卖获得利润分成。大学生创业者融资创业的目的是希望将自己的技术和创意转化为营利的工具，而投资者比较看重资金的时间价值，因此一些地区针对大学生创业者开展的典当融资也可推广。与银行贷款相比，典当融资具有简便、快捷的优势，对客户的信用要求较低，适合大学生创业筹资。另外，初始资金不多、有合伙创业打算且具备一定管理能力的大学生可以尝试加盟连锁经营，借助连锁企业的品牌、技术、营销渠道，可以以较少的投资、较低的门槛实现自主创业。

3. 高校积极支持大学生创业融资

高校与学生联系密切，近年来，国内许多高校结合自身优势和特点大力开展大学生创业教育，积极举办大学生创业竞赛，但在大学生创业资金支持方面不仅缺乏投入，而且也未能很好地发展组织和协调作用。在高校普遍缺乏大学生创业支持经费的前提下，高校可以组织学生进行联合融资，这种方式既能解决大学生创业者的融资问题，又能增强学生的团队意识，而且这种融资方式的风险较小。有条件的高校应积极设立大学生创业基金。如北京航空航天大学每年设立 300 万元的创业基金，对学生的创业计划书经评估后进行种子期的融资，这种融资模式在我国高校中应该积极推广。

高校还要积极筹建大学生创业园，免费为学生提供经营场所、办公设施，甚至免除其水电费，并为入驻园区的创业团队优先提供小额担保贷款或小额创业贷款。各高校的就业服务中心也要加强创业指导服务，为高校毕业生提供政策咨询、项目开发、创业培训、小额贷款、开业指导、跟踪辅导等一系列服务，减少大学生创业的学习成本，帮助大学生提高创业成功率。

4. 改善大学生创业融资环境

各级政府、金融机构和高校一方面要认真落实大学生创业融资有关政策、法规，另一方面要进一步制定鼓励和支持大学生创业融资的可操作性强的政策；完善大学生创业政策性资金支持体系，包括资金来源、资金使用、激励约束机制等；完善支持大学生创业的税收减免、创业援助、创业贷款、社会保障等方面政策；要加大宣传力度，使大学生更好地了解和运用政策，了解风险投资、创业基金等新型融资渠道。由于大学生的社会经验较少，政府和金融机构在控制贷款风险的同时尽量降低大学生贷款门槛，并对创业项目进行跟踪指导，直至创业企业步入正轨。

三、新企业设立

创办新企业，是一个企业从无到有、从小到大、从弱到强的过程。新企业应符合中国的相关法律规定，依法办理企业登记注册，以取得法人资格或营业资格。

（一）企业组织形式的选择

在市场经济条件下，企业是法律上和经济上独立的经济实体。任何一个企业都要依法建立。投资人在创建企业时，会面临企业形式的选择问题，一般情况下，创业者新创办的企业通常为小型企业。工商部门的统计数据显示，个体工商户、个人独资企业、合伙企业、有限责任公司四种法律形式是当前新企业最常见的形式，对于大学生创业，登记注册的企业的形式基本也是以上这几种。

1. 个人工商户

个人工商户是公民在法律允许的范围内，依法经核准登记，从事工商业活动的为个体工商户。个体工商户的字号名称在申请登记管辖机关范围内同一行业中不得重名。个体工商户的字号名称一般应体现其所属行业，且字号名称前应冠以区县地点，直接冠市名的须经市级工商行政管理部门核准后方可使用。个体工商户可以个人经营，也可以家庭经营。个人经营的个体工商户，以个人全部财产承担民事责任；家庭经营的个体工商户，以家庭全部财产承担民事责任。除以上形式外，个体工商户也可以以个人合伙形式经营，即由两个及两个以上公民自愿合伙，共同出资，共同劳动经营，但从业人数不得超过 8 人。

2. 个人独资

个人独资企业是指依照《中华人民共和国个人独资企业法》在中国境内设立的，由一个自然人投资，财产为投资人个人所有，投资人以其个人财产对企业债务承担无限责任的经营实体。

在组织结构形式上，个人独资企业是由个人创办的独资企业，其投资者是一个自然人，国家机关、国家授权投资机构或国家授权的部门、企业、事业单位等都不能作为个人独资企业的设立人。在责任形态上，投资者以其个人财产对企业债务承担无限责任，投资人若以家庭共同财产作为个人投资的，以其家庭共有财产对企业债务承担无限责任，这是个人独资企业区别于有限责任公司和股份有限公司等企业形式的基本特征。从性质上看，个人独资企业是非法人企业，个人独资企业没有独立的资产，企业的财产就是投资人的财产，企业的责任就是投资人的责任。因此，个人独资企业无独立承担民事责任的能力。个人独资企业虽然不具备法人资格，但是独立民事的主体，能够以自己的名义从事民事活动。

3. 合伙企业

合伙企业是指依照《中华人民共和国合伙企业法》在中国境内设立的，由各合伙人订立合伙协议，共同出资、合伙经营、共享收益、共担风险，并对合伙企业债务承担无限连带责任的营利性组织。

合伙企业通常有两个以上的合伙人，并且都是依法承担无限责任者，人数上限没有限定；合伙人只能是自然人，不能是法人；应有书面合伙协议。合伙协议应当载明的事项有：合伙企业的名称和主要经营场所的地点；合伙目的及合伙企业的经营范围；合伙人的姓名及其住所；合伙人出资的方式、数额和缴付出资的期限；合伙企业的解散与清算；违约责任；有各合伙人实际缴付的出资。合伙人必须合伙参与经营活动，从事具有经济利益的营业行为；合伙人共负盈亏，共担风险，对外承担无限连带责任。合伙人既可以按其对合伙企业的出资比例分享合伙盈利，也可按合伙人其他办法来分配合伙盈利。当合伙企业财产不足以清偿合伙债务时，合伙人还需要以其他个人财产清偿债务，即承担无限责任，而且任何一个合伙人都有义务清偿全部合伙债务，即合伙人承担连带责任。

合伙企业是一种古老而富有生命力的共同经营方式，它凭借自身的特点和优势大量存在于许多国家的诸多行业之中，有许多国际知名的大企业在创业阶段甚至在已经成长为大规模企业后都采用了合伙企业的组织形式。合作企业一般在广告、商标、咨询、会计师事务所、法律事务所、股票经纪人、零售商业等行业较为常见。

4. 有限责任公司

《中华人民共和国公司法》（以下简称《公司法》）规定，公司是指在中国境内设立的有限责任公司和股份有限公司。由于股份有限公司注册资本要求较高，且需省级政府部门的批准，不为一般的创业者所采用。创业者可选择创立有限责任公司。有限责任公司是指股东以其出资额为限对公司承担责任，公司以其全部资产对公司的债务承担责任的法人企业。有限责任公司内部的法律关系界定得比较清楚，易于规范，公司以注册资本对外承担责任，投资者不负连带责任。因此，有限责任公司是绝大多数创业者所乐于采用的组织形式。

有限责任公司是指由 2 名以上或 50 名以下股东（自然人或法人）组成的对公司债务承担有限责任的法人组织。可见，有限责任公司适用于由 2~50 名大学生组成的创业团队，这 2~50 名大学生为其所设立的有限责任公司的股东，以他们的出资额为限对公司债务承担责任，该公司以其全部资产为限对公司债务承担责任。

（二）企业注册流程

1. 企业的登记注册类型

企业登记注册类型是以在工商行政管理机关登记注册的各类企业为划

分对象，依据工商行政管理部门对企业登记注册的类型，将企业登记注册类型分为内资企业、港澳台商投资企业和外商投资企业三大类，由于个体经营不属于企业，因此在关于划分企业登记注册类型规定中，未将个体经营列入，但我国有明确规定，在相关分类中，个体经营需单独列出。

（1）内资企业

内资企业包括国有企业、集体企业、股份合作企业、联营企业、有限责任公司、股份有限公司、私营公司和其他企业。

国有及国有控股企业中，国有企业（即过去的全民所有制工业或国营工业）是指企业全部资产归国家所有，并按《中华人民共和国企业法人登记管理条例》规定登记注册的非公司制的经济组织。国有及国有控股企业包括国有企业、国有独资公司和国有联营企业。

集体企业指企业资产归集体所有，并按《中华人民共和国企业法人登记管理条例》规定登记注册的经济组织。集体企业是社会主义公有制经济的组成部分，包括城乡所有使用集体投资举办的企业，以及部分个人通过集资自愿放弃所有权，并依法经工商行政管理机关认定为集体所有制的企业。

股份有限公司指根据《中华人民共和国企业法人登记管理条例》规定登记注册，其全部注册资本由等额股份构成，通过发行股票筹集资本。在此类公司中，股东以其认购的股份对公司承担有限责任，公司以其全部资产对其债务承担责任。

（2）港澳台商投资企业

港澳台商投资企业是指企业注册登记类型中的港、澳、台资合资、合作、独资经营企业和股份有限公司。

（3）外商投资企业

外商投资企业是指企业注册登记类中的中外合资、合作经营企业、外资企业和外商投资股份有限公司之和。

（4）个体经营

个体经营是指包括按照《中华人民共和国民法通则》和《城乡个体工商户管理暂行条例》规定登记注册的个体工商户和个人合伙企业。

2. 企业的注册流程及应准备资料

新修订的《公司法》于 2014 年 3 月 1 日起正式实施。2014 年最新《公司法》共改了 12 个条款，将公司注册资本实缴登记制改为认缴登记制，取消了公司注册资本最低限额，放宽了注册资本登记条件，简化了登记事项和登记文件。2014 年 3 月 1 日最新《公司法》规定的注册公司流程如表 8-1 所示。

表 8-1　注册公司流程

步骤	所需材料及注意事项
公司核名	（1）可以委托当地注册公司客服进行核名； （2）提供全体投资人身份证原件及复印件； （3）确定公司注册资本（认缴制），约定认缴期限 30 年； （4）确立公司经营范围；查询经营范围入口； （5）需等待约 5 个工作日，经市工商局终审通过后，可领取《名称预先核准通知书》
登记设立	（1）公司法定代表人签署的《公司设立登记申请书》； （2）董事会签署的《指定代表或者共同委托代理人的证明》； （3）由发起人签署或由会议主持人和出席会议的董事签字的股东大会或者创立大会会议记录（募集设立的提交）； （4）全体发起人签署或者全体董事签字的公司章程； （5）自然人身份证件复印件； （6）董事、监事和经理的任职文件及身份证件复印件； （7）法定代表人任职文件及身份证件复印件； （8）住所使用证明； （9）《企业名称预先核准通知书》
篆刻公司印章	（1）营业执照副本原件及复印件； （2）法人身份证原件及复印件； （3）委托人身份证原件及复印件。 注：需要篆刻的印章包括企业公章、企业财务章和企业法定代表人个人印鉴。之后在办理其他相关程序时，一定要带企业篆刻的公章、财务章、法人个人印鉴
办理企业组织机构代码证	（1）营业执照副本原件及复印件； （2）企业法人身份证原件及复印件； （3）经办人身份证原件及复印件； （4）企业公章
办理税务登记证	（1）企业营业执照副本原件及复印件； （2）组织机构代码证原件及复印件； （3）房屋租赁合同（印花税贴有占角注销）复印件

表8-1(续)

步骤	所需材料及注意事项
银行开设公司基本户	（1）企业营业执照副本原件及复印件； （2）组织机构代证原件及复印件； （3）税务登记证原件及复印件； （4）公章、法人章、财务章； （5）签订扣税协议
企业核税	营业执照、组织机构代码证、税务登记证、开户许可证、法人身份证、股东身份证、公章、财务章、扣税协议、CA证书、租赁协议、租赁发票、办税员身份证。

3. 企业的税务登记

税务登记是指税务机关根据税法规定，对纳税人的生产经营活动进行登记管理的一项基本制度。它的意义在于：有利于税务机关了解纳税人的基本情况，掌握税源，加强税款征收与管理，防止漏管漏征，建立税务机关与纳税人之间正常的工作联系，强化税收政策和法规的宣传，增强纳税意识等。因此，从事生产、经营的纳税人应当自领取营业执照，或者有关部门批准设立之日起30日内，或者自纳税义务发生之日起30日内，到税务机关领取税务登记表并填写，填写完整后，将税务登记表提交给税务机关，办理税务登记。纳税人办理开业税务登记时应准备的相关资料如下：

①营业执照或者其他核准执业证件，"三资企业"还需提供批准证书。

②组织机构统一代码证。

③居民身份证、护照或者其他证明身份的合法证件。

④注册地址、生产经营地址的房地产所有权或使用权证书或租赁证明。

⑤有关合同、章程、协议书，"三资企业"还需提供可行性报告。

⑥验资报告或资金来源证明。

⑦主管部门批文。

⑧如属分支机构，应提供总机构的营业执照和税务登记证件。

⑨如属多方投资组成，应提供投资方的税务登记证件，如是中外合资、合作企业，只需提供中方投资者的税务登记证件。

⑩主管税务机关要求提供的其他有关证件、证明、资料。

（三）选址技巧

创业企业都需要有经营场所，企业的选址与企业未来的经营发展有着很大的关系。对于创业者来说，将创业的地点选在哪个城市、哪个区域是一件先决性的事情。尤其是以门店为主的商业或服务型企业，店面的选择往往是其能否成功的关键，好的选址等于成功了一半。

大多数创业者都会选择在熟悉的地区（家乡或者学习的城市等）开展创业。在选定目标城市后，还需要进一步选择具体的经营地点。不同类型的创业企业，在选址时优先考虑的因素是不同的。

1. 生产性质的创业企业选址

这类创业企业在选址时要确保具备以下生产条件：交通方便，便于原料运进和产品运出；生产用电充足，生产用水有保证；生产所使用的原料的生产基地要尽量离企业不远；所使用的劳动力资源尽量就地解决；当地税收若有优惠政策则更好。此外如果是一些可能对环境造成影响的生产项目，还需考虑环保因素。

2. 商业性质的创业企业选址

这类创业企业在选址时应考虑创业地区的实际情况、客流量、店铺租金等。如在城市中，若干个商业圈往往能带动圈内商业的规模效应，选择在商业圈内创业会较易经营。但与繁华商圈寸土寸金的消费能力相应，店铺租金或转让费也是寸土寸金，往往会让创业者捉襟见肘，创业者想要在这样的区域中寻得立足之地可谓困难重重。因而，创业者可以在商业圈内利用联合经营、委托代销等方式，或者在商业圈边缘选址，转向"次商圈"，以此节省的资金用于货品升级、提升服务等。创业者在选址时要有"借光"的意识，比如可以在体育馆、展览馆、电影院旁边选址等。如果选择商圈之外的经营场所，则要注重打造特色，形成的独特风格，以达到"酒香不怕巷子深"的效果。

3. 服务性质的创业企业选址

这类创业企业在选址时要根据具体的经营对象灵活选址，但对客流量要求较高，"天下熙熙，皆为利来；天下攘攘，皆为利往"，客流一定意义上就等于财流。这类企业在车水马龙、人流量大的地段经营，成功的概率往往比在人迹罕至的地段要高得多，但也应结合企业的目标消费群体特点进行选址。如针对居民服务的企业应设在居民社区附近，针对学生服务的企业则应设在学校附近，而以订单为主的企业，低成本、高效能的办公楼则应是其首选地址。

目前，创业的年轻人多以服务性和知识性产品创业为主，集中在网络技术、电子科技、媒体制作和广告等产业。这类公司可以选在行业聚集区、较成熟的商务区以及新兴的创意产业园区。

在选择经营场地时，各行业的考虑重点各不相同，其中有两项因素是不容忽略的，即租金给付的能力和租约的条件。经营场地租金是最固定的营运成本之一，即使休息不营业，也得支出。有些货品流通迅速、空间要求不大的行业，如精品店、高级时装店、餐厅等，若创业者负担得起高房租，可将企业设于高租金区；而家具店、旧货店等，因为需要较大的空间，最好设在低租金区。

四、新企业管理

新企业创建后，面对市场的诸多不确定因素，以及自身管理组织、资金等生存管理问题，创业者需要认真把握企业的发展方向，提高生存管理能力，这是企业首先要解决的问题。如果管理不善或市场机遇不佳，企业也有可能面临夭折。因此，企业管理对于企业的生存发展至关重要。

（一）企业的生命周期

企业的成长，如同人的成长要经过幼年、少年、青年、中年、老年等阶段一样，也要经历不同的阶段，在每一个阶段都需要具有与之相适应的组织特征，并会遇到不同的问题，我们把这种企业的成长经历，称之为企业生命周期。

一般地，企业的生命周期分为以下四个阶段。

1. 新生儿阶段

一旦企业建立，它便立刻进入企业的新生儿阶段，该阶段企业的主要特征是幼小，各方面都十分不稳定。在该阶段，厂长或者经理几乎掌握全部的权力。这是一个由期望时期转变为实际的、有效的产品和服务的时期。在该阶段，筛选最早的职工队伍、进口原材料、建立组织构架和开发产品、服务项目时，及早地考虑发展策略，同步设计企业发展程序，这对于初创立企业是极为重要的。因为它可以在这个"新生儿"面对挑战和竞争时，为其提供发展指南和奠定发展的基础。

2. 生长发育阶段

在这一阶段，企业年龄和规模都在增长，同时也面临着新的管理问题。对于部分企业而言这种增长是很迅速的，但给企业带来了难题：企业本身想要寻求一个迅速发展的机会，但缺乏各方面的经验和信息来满足市场和社会需要。因此，这一内在发展需求和外部资源限制形成了企业生长发育阶段的重要矛盾。

3. 成熟阶段

企业成熟阶段的持续时间长短无特定的限制，企业的内外环境可以提供足够的资源与余地让企业得到持续、稳定和调节性的发展。但是这一阶段企业的生长和增长都比较慢，企业本身对变革也具有一定的惰性。在行业和市场的竞争中，虽然成熟企业通常较有实力，但另一方面，成熟企业也有相当程度的包袱，其行为容易显得活力和朝气不足，在这种年龄阶段的企业，职工本应具有比较高的积极性和工作满意感。然而，在现实中，这一年龄阶段的企业的实际情况并非如此，甚至职工的工作积极性和满足感都落到较低水平。其中一个重要的原因是成熟阶段的企业依靠规章制度进行运转，职工只是在规章制度下工作，较少有参加管理的机会；另一个原因是，这一阶段企业的领导往往关注规章制度和具体的生产经营流程，常容易忽视职工的心理变化。

4. 衰老阶段

企业进入衰老阶段与它的活力具有直接关系。企业成熟阶段背负的包袱，往往与两种环境相关联，其中一种情况是未能得到妥善调节，致使企业承受了过大的内外部环境压力，而快速地进入衰老期。企业进入衰老期的一个重要特征是其适应性日益减弱，以及其竞争意识和能力有意识或无意识地降低。企业在进入衰老期后，往往会保持甚至扩充企业的组织结构和各种规章制度。这一举措是在弥补企业进入衰老期后出现的各种力不从心的行为表现。

所以，有的学者认为，企业臃肿的程度可以作为判断企业组织是否衰老的一个指标。我们可以做一个合乎逻辑的推论，企业衰老到一定的程度后，终将面临消亡。但是必须指出的是，企业生命周期的每个阶段都有直接进入死亡的可能性，新生企业若照顾不周可能夭折；成熟企业若劳累过度，也可能死亡。

（二）新创企业管理的特殊性

1. 以生存为主要目标

新创企业的首要任务是从零开始，把自己的产品或服务卖出去，挖掘到第一桶金，从而在市场上找到立足点，使自己生存下来。在创业阶段，生存是第一位的，所有的运营活动都围绕生存展开，一切危及生存的做法都应避免。新创企业最忌讳的是在创业阶段提出不切实际的扩张目标，盲目扩大规模，最终只能导致"企而不立，跨而不行"。

那么新创企业应如何生存呢？答案唯有盈利。在创业阶段，企业可能会经历多次盈亏，直到最终实现持续稳定的盈利，才算是度过了创业的生存阶段。创业企业要想超越已有的竞争对手，一定要探索新的成功的生存模式，这正是创新创业管理的本质所在。

2. 依靠自有资金创造自由现金流

现金对企业来说就像是人的血液，企业可以承受暂时的亏损，但不能承受现金流的中断。什么是企业的自由现金流呢？就是指企业经营活动中，不包括融资、资本支出、纳税和利息支出的净现金流。自由现金流一旦出现赤字，企业将发生偿债危机，可能导致企业破产。

自由现金流的大小直接反映企业的赚钱能力，它不仅是企业创业阶段的重点，也是企业成长阶段管理的重点。对于新创企业来说，由于融资条件苛刻，其只能主要依靠自有资金运作来创造自由现金流，因此管理难度较大。创新企业管理要求创业者必须锱铢必较，像花自己的钱那样花企业的钱，千方百计增收节支，加速资金周转，控制企业发展节奏。

3. 创业者参与每一个细节

创业过来人大都有过这些经历：直接向顾客推销产品，亲自与供应商谈判扣点，亲自到车间里追踪顾客急要的订单，在库房里卸货装车，奔波于各个银行，催收账款，策划新产品方案，制订工资计划，被经销商骗，被顾客当面训斥，等等。经历了这些，才能称为创业。由于对经营全过程的细节了如指掌，才能让生意越做越好。

4. 分工不够明确

创业管理是充分调动"所有的人做所有的事"的团队管理方式。新企业在初创时，尽管构建了正式的部门架构，但实际运作时少有严格遵循正式组织方式运作。典型的情况是，虽然有名义上的职责分工，但实际运作时却是哪急、哪紧、哪需要，就都往哪里去。这种看似的"混乱"，实际是一种高度"有序"的状态。在这里，每个人都清楚组织的目标和自己应当如何为组织目标作贡献，没有人计较得失，相互之间只有角色的划分，没有职位的区别，这正是团队精神的真谛。即使将来企业发展了，组织规范化了，这种精神仍会融入企业的文化中。

在创业阶段，创业者必须尽力使新企业成为真正的团队，否则是很难成功的。

5. 彻底奉行"顾客至上，诚信为本"的管理方式

创业的第一步，就是把企业的产品或服务卖给顾客，这是一种惊险的跨越，唯有顾客肯付钱，企业才能收回成本，并获取利润。企业是因生存的需要把顾客当作衣食父母的，经历过创业艰辛的企业家，一生都会把顾客放在第一位。再者，试问谁会借钱给没听说过的企业？谁会买没听说过的企业的东西？谁会加入没听说过的企业？而企业靠什么让人熟知？答案无疑是诚信。所以，一个企业的核心价值观不是后人杜撰的，而是创业阶段自然形成的。

（三）新创企业的组织管理模式

在管理领域，好的制度让坏人坏不了事，而不好的制度则让好人做不了事。从这句话，可以看出管理制度的重要性。而在企业管理制度的健全和完善方面，其关键在于企业组织管理。企业组织管理是企业在内部建立健全管理机构，合理配备人员，制定各项规章制度等管理工作的总称。企业组织结构的合理设计与组织管理的合理分工是企业成功的前提。

具体来说，企业组织管理就是为了有效地配置企业内部的有限资源，为了实现一定的共同目标，按照一定的规则和程序，形成的一种责权结构安排和人事安排，其目的在于确保企业以最高的效率来实现其目标。在初创企业中，基本的组织管理模式一般包括功能部门管理和项目管理两种。

1. 功能部门管理

功能部门管理就是通过建立一定的功能部门，形成特定的企业组织结构，规定各功能部门的职务或职位，明确其责权关系，使企业各部门成员互相协作配合、共同劳动，有效实现企业目标的过程。功能部门管理又称岗位管理，是企业最常见的基本管理模式。

功能部门管理的工作内容，主要包括四个方面：第一，确定实现企业

目标所需要的活动，并按专业化分工的原则对其进行分类，按类别设立相应的工作岗位；第二，根据企业的特点、外部环境和目标需要划分功能部门，设计组织机构及其结构；第三，规定企业组织机构中的各种职务或职位，明确各自的任务，并授予其相应的权力；第四，制定规章制度，建立和健全企业组织机构中各方面的相互关系。

功能部门管理应该明确企业中有什么工作以及由谁去完成这些工作，明确工作者所承担的责任和所具有的权力，以及其与组织结构中上下左右的关系。只有这样，才能避免职责不清造成的执行障碍，才能使组织协调地运行，保证组织目标的实现。每一个公司的部门设置不一定相同，它与这个公司的业务范围、发展阶段有关系，既要稳定又要灵活。

2. 项目制管理

功能部门管理是按工作职能（平行结构）组织起来的管理模式，而项目管理则与之相对是以任务（垂直结构）组织起来的管理模式。项目管理是第二次世界大战后期发展起来的管理技术之一，是以项目为对象的系统管理方法，它通过一个临时性的专门的柔性组织，对项目进行高效率的计划、组织、指导和控制，以实现项目全过程的动态管理和项目目标的综合垂直协调与优化。

项目管理是以项目经理负责制为基础的目标管理，项目管理的主要任务一般包括项目计划、项目组织、质量管理、费用控制、进度控制等五项。日常的项目管理活动通常是围绕这五项基本任务展开的。项目管理自诞生以来发展迅速，当前已发展为包括时间维、知识维、保障维的三维管理。时间维，即把整个项目的生命周期划分为若干个阶段，从而进行阶段管理；知识维，即针对项目生命周期的各不同阶段，采用不同的管理技术方法进行管理；保障维，即对项目人、财、物、技术、信息等资源进行的后勤保障管理。项目管理具有以下几种属性。

（1）不可重复性

项目有明确的起点和终点，没有可以完全照搬的先例，也不会有完全相同的项目，项目的其他属性也是从这一主要的特征衍生出来的。

（2）独特性

每个项目都是独特的，其提供的产品或服务本身通常具有独特之处，若其提供的产品或服务与其他项目类似，则该项目开展的时间和地点、内部和外部的环境、自然和社会条件定有别于其他项目。因此，项目总是独一无二的。

（3）目标的确定性

项目必须有确定的目标，包括：时间性目标，如项目应在规定的时段内或规定的时间点之前完成；成果性目标，如项目应提供某种规定的产品或服务；约束性目标，如项目的资源消耗应不超过规定限度；其他需满足的目标，包括必须满足的目标和尽量满足的目标。

目标的确定性允许有一个变动的幅度，也就是目标是可以修改的。不过一旦项目目标发生实质性变化，它就不再是原来的项目了，而将产生一个新的项目。

（4）组织的临时性和开放性

项目班子在项目实施的全过程中，其人数、成员、职责是在不断变化的。某些项目班子的成员是借调来的，项目终结时班子要解散，人员要转移。项目组通过协议或合同及其他的社会关系组织到一起，在项目的不同时段，不同程度地介入项目活动。可以说，项目组织没有严格的边界，是临时性的、开放性的。这一点是项目制管理与功能部门管理的主要区别。

（5）成果的不可挽回性

项目在一定条件下启动，一旦失败就可能失去重新开展原项目的机会。项目制管理相对于功能部门管理的日常运作来说，具有较大的不确定性和较高的风险性。项目制运作一般适用于特定行业的企业创立初期采用，此类企业业务的灵活性、不确定性较强，专业化程度较高，例如技术类、咨询类公司，以及摄影或设计工作室等。

在项目发展到一定规模，对经营管理的日常性、规范性要求较高的阶段之后，一般还是应建立相应的功能部门，使管理规范化，但在承接具体的业务时，仍可根据实际情况采用项目制运作。

（四）新创企业人力资源管理

对创业者而言，如何组成、发展、凝聚团队，做好员工的选、用、育、管、留，已成为一项必要的创业管理能力。创业者要掌握好企业的初创期、发展期和成熟期用人的不同标准和方法。

初创期要的是"跨马能够闯天下"的人才，而发展到一定的程度后就需要"提笔能够定太平"的人物。企业在发展过程中，只有在保持基本稳定的同时，不断地"吐故纳新"，企业才能保持旺盛的生命力。

1. 人力资源规划

人力资源规划是指通过对人力资源需求和供给的预测，制订人力资源补充计划、晋升计划、人员配置与挑战计划、培训开发计划及薪酬计划等。创业初期的人力资源规划，需要抓住企业业务定位、企业规模、企业发展计划、人力资源运行模式等核心要点。

（1）创业初期的人力资源规划，应该主要从业务开展的层面，包含技术、生产、营销等几个主要方面，并兼顾企业整体运营来进行考量，同时结合企业的长远发展来进行规划。

（2）从人力资源规划的角度而言，企业要建立一个比较完善的薪酬分配制度，即利益分配机制，这是企业最基本的运行规则，企业应先确立规则再招募人才。也就是说，要先明确设什么部门，设什么岗位，这个岗位的职责是什么，请来的人需要完成哪些基本目标或任务等问题。当这些问题明确后，再谈薪酬分配制度就顺理成章了。

（3）人力资源规划方面需要考虑的一个重要因素是企业的业务规模的定位问题。提前预估企业生产能力和销售前景是比较关键的，如果预估失准，会造成人力资源的浪费或紧缺。

（4）关于企业的战略规划，从整体而言，企业人力资源的规划也肯定受企业战略规划影响。很多新创办的企业可能受制于多方面的因素，在创立初期往往没有战略规划。如果企业有战略规划，那么人力资源规划肯定是企业整体战略的一部分。

2. 人力资源管理制度

一个新公司，制度并非越多越全就越好，而是应确保不能缺少一些关键的制度。初创企业的人力资源制度主要涉及基本的薪酬分配制度、考勤制度、人员招聘制度、奖惩制度四个方面。而培训制度、考核制度等其他制度，能满足实际使用即可。人力资源制度一定要结合企业的实际情况来制定，尤其是薪酬制度，要花费足够的时间和精力去设计，以确保其能起到激励员工的作用。

3. 企业的薪酬管理

企业要明确工作岗位所需的技能和学历以及工作的难易程度等，从而判断每个工作岗位的相对价值，并以此作为薪酬管理的依据，制定公平合理的薪酬制度。企业的薪酬管理一直困扰着很多企业领导，如果没有一套非常适合本企业的薪酬管理制度，企业领导或者人事负责人往往会遇到很多棘手问题。初创企业必须建立一套科学实用的薪酬管理体系。

（1）判断岗位价值

公司成立之初，虽然规模小，但依然要明确每个岗位的要求。因此，建议首先确立各岗位的要求：如胜任该岗位的基本条件，包括学历、工作经验、技能要求等；基本职责，包括工作内容、应负责任、享受的权利等；基本职位成长途径，包括薪资增长、职位提升、知识培训等。这样，每个岗位有了一个可以衡量的数据化的要素比较图，进而得出各岗位的价值比，根据价值比来确定各岗位的基本薪酬。企业可根据企业预算及对岗位的期盼值，设立每个岗位的加薪频率与幅度。

（2）了解市场薪资行情

看市场薪资行情不仅仅看市场的薪资总额，更要看市场薪资的组成部分、市场薪资的稳定性、市场薪资所涵盖的岗位要求。创业者只有了解市场薪资行情，才可以轻松应对每一位应聘者的薪资谈判，并结合薪资行情及自身企业的定位找到最适合自己企业的员工。了解市场薪资行情的途径大致有：对应聘资料进行分析；通过人才中介机构寻找相关数据；通过分析专业人才网站的薪资行情信息等途径。

（3）薪酬的周全性

员工可以分为投资型、契约型与利用型。投资型员工被视为企业战略合作伙伴，注重长期合作及风险分担，可用赠予股份与让其投资少部分风险金相结合的方式，满足其薪酬要求；契约型员工主要指有能力但很"现实"的员工，企业可以将其提出的要求与企业对其的要求结合起来，通过合约的方式确立双方的权利与义务，明确违约责任；利用型员工要求员工根据企业的制度来开展工作，并根据员工的动态及企业要求灵活调整制度以满足企业与员工的要求。

（4）薪资谈判方式

一般企业在招聘时采取一对一的薪资谈判方式，企业可与应聘者一起探讨他所具备的能力在进入公司后可能发挥的作用，以及他可能取得的业绩等。公司主动告知会提供给他的资源，如政策、培训机会、晋升机会等。在双方相互认同且氛围愉快时再谈薪资问题，一般会比较顺利。

（五）初创企业财务管理

1. 规范记账方法

记账方法是根据单位所发生的经济业务（或会计事项），采用特定的记账符号并运用一定的记账原理（程序和方法）在账簿中进行登记的方法。出纳人员为了对会计要素进行核算，反映和监督企业的经济活动，按一定原则设置了会计科目，并按会计科目开设了账户之后，就需要采用一定的记账方法将会计要素的增减变动登记在账户中。

按照登记经济业务方式的不同，记账方法可分为单式记账法和复式记账法。复式记账法又因其构成要素的不同而分为借贷记账法、增减记账法和收付记账法。借贷记账法是目前世界上通用的记账方法。收付记账法和借贷记账法都是由单式记账法逐步发展、演变而来的。

我国现行税收会计一般采用"借贷记账法"。这是以税务机关为会计实体，以税收资金活动为记账主体，采用"借""贷"为记账符号，运用复式记账原理，来反映税收资金运动变化情况的一种记账方法。其会计科目划分为资金来源和资金占用两大类。它的所有账户分为"借方"和"贷方"，左"借"右"贷"，"借方"记录资金占用的增加和资金来源的减少，"贷方"记录资金占用的减少和资金来源的增加。

税收会计的记账规则是：对每项税收业务，都必须按照相等的金额同时记入一个账户的借方和另一个账户的贷方，或一个账户的借方（或贷方）和几个账户的贷方（或借方），即"有借必有贷，借贷必相等"。

2. 成本控制

成本控制是一个复杂的系统学科，对于众多小本创业者来说，成本控制是很重要的，要重视成本控制中的几个重要原则。

（1）经济原则

因推行成本控制而产生的成本不应超过因缺少控制而丧失的收益。有些企业为了赶时髦，不计成本地实施了一些华而不实的烦琐手续，但实际收益不大，甚至得不偿失。经济原则在重要领域中对关键因素的选择起着决定性作用，它要求企业降低成本的措施能纠正偏差，并具有实用性。

（2）因时制宜原则

对于大型企业和小型企业、老企业和新企业、快速发展企业和相对稳定企业，以及同一企业的不同发展阶段，其管理重点、组织结构、管理风格、成本控制方法和奖励形式都应当有所区别。例如，新企业的侧重点是扩大销售和提高制造能力，而不是成本控制；企业进入正常经营阶段后管理重点是提高经营效率，要开始控制费用并建立成本标准；企业扩大规模后管理重点转为扩充市场，要建立收入中心和正式的业绩报告系统；规模庞大的老企业，管理重点是组织的巩固，需要制订周密的计划并建立投资中心。因此，适用所有企业的成本控制模式是不存在的。

（3）全员参与原则

对领导层的要求：重视并全力支持成本控制；具有完成成本目标的决心和信心；秉持实事求是的工作态度，不可好高骛远，也不宜急功近利，应脚踏实地、按部就班地改进工作，以期逐步取得成效；以身作则，严格控制自身的责任成本。

对员工的要求：具有成本控制愿望和成本意识，养成节约的良好习惯；正确理解并有效使用成本信息，据以改进工作、降低成本。

3. 现金管理

如下 7 个步骤有助于现金管理，能确保初创企业的现金流健康、顺畅。

（1）为客户开发产品或项目时，向他们收取预付金，让客户为该项目提供资金，而不是由你自己独自承担资金压力。

（2）设置一个交货后收回全部账款的期限，比如要求客户在交货后 30 天内付款，尽可能快地收回资金。

（3）和供应商谈判，争取获得 30 天或更长的付款期限。尽量先从顾客那里收到钱，再付款给供应商。

（4）预先设置一个收款的程序。如果顾客延期付款，就要不断催款。

（5）银行的贷款利率通常要比供应商收取的滞纳金要少。在紧急情况下，不妨向银行贷款，还清供应商的钱，这也能在短期内补充现金流。

（6）收账代理机构可以帮忙催收，通常很快就可以收回贷款，但是使用代收服务需要费用，因此在使用代收服务前，要先想想哪种方式更划算。

（7）个人应从公司支取资金。这会减少用于公司发展的现金流的总量。

（六）创业企业营销管理

1. 销售渠道与方式选择

销售渠道是企业把产品向消费者转移的过程中所经过的路径，这个路径包括企业自己设立的销售机构、代理商、经销商、零售店等。对于企业来说，销售渠道承载着物流、资金流、信息流、商流等功能，能完成厂家很难独自承担的任务。不同的行业、不同的产品、不同规模和发展阶段的企业，其销售渠道的形态各不相同。合理选择分销渠道的实质，是合理选择中间商，它对企业生产经营活动和发展市场经济具有十分重要的意义。

合理的销售渠道有利于企业降低营销费用，扩大销量，提高企业的供给能力和经济效益。同时，它能帮助企业掌握市场供求信息，扩大服务项目，提高企业的市场占有率。此外，合理的销售渠道还可以有效地平衡供求关系，简化流通渠道，为顾客购买产品提供便利。

网络销售、电话订购和电视购物频道等模式的成熟，给销售渠道带来新的变革，消费者的行为习惯也随之发生改变。若创业企业能抓住新的机遇，及时调整营销渠道、战略方向，与时俱进、不断创新，必然能取得创业成功。

2. 新创企业的定价

新产品的定价是营销策略中一个十分重要的问题。它关系到新产品能否顺利进入市场，能否在市场站稳脚跟，能否获得较大的经济效益。新产品的定价策略主要有三种。

（1）取脂定价策略

取脂定价策略，又称撇油定价策略，是指企业在产品寿命周期的投入期或成长期，利用消费者的求新、求奇心理，抓住激烈竞争尚未出现的有利时机，有目的地将价格定得很高，以便在短期内获取尽可能多的利润，尽快地收回投资的一种定价策略。其名称来自从鲜奶中撇取乳脂的动作，含有提取产品精华之意。

（2）渗透定价策略

渗透定价策略，又称薄利多销策略，是指企业在产品上市初期，利用消费者求廉的消费心理，有意将价格定得很低，使新产品以物美价廉的形象吸引顾客、占领市场，以谋取远期的稳定利润。

（3）满意价格策略

满意价格策略，又称平价销售策略，是介于取脂定价和渗透定价之间的一种定价策略。由于取脂定价法定价过高，对消费者不利，既容易引起竞争，又可能遭到消费者拒绝，具有一定风险；渗透定价法定价过低，对消费者有利，对企业创立初期的收入不利，资金的回收期也较长，这对实力不强的企业是一大考验。而满意价格策略采取适中的价格，力求让供求双方都比较满意。

3. 新创企业的品牌

新创企业的品牌设计要求：

第一，简洁醒目，易读易懂。企业的品牌应能使人在短时间内产生印象，易于人们理解记忆。

第二，构思巧妙，暗示属性。品牌应是企业形象的典型概括，要体现企业个性和风格，从而获取顾客信任。

第三，富蕴内涵，情意浓重。品牌可引起顾客强烈兴趣，诱发美好联想，让其产生购买动机。

第四，避免雷同，超越时空限制。在我国，品牌雷同的现象非常严重。据统计，我国以"熊猫"为品牌名称的有 311 家，"海燕"和"天鹅"两个名称分别有 193 家和 175 家品牌同时使用。超越空间的限制是指品牌要超越地理文化边界的限制，世界各国的历史文化传统、语言文字、风俗习惯、价值观念和审美情趣各不相同，因此人们对品牌的认知、联想必然会有很大差异。

4. 新创企业的商品包策略

（1）包装要求

在新创企业市场营销中，为适应竞争的需要，包装要考虑不同对象的要求。

消费者的要求。由于社会文化环境不同，不同的国家和地区的消费者对产品的包装要求不同。因此，包装的颜色、图案、形状、大小、语言等要考虑不同国家、地区、民族等消费者的习惯和要求。

运输商的要求。运输商考虑的是商品能否以最小的成本安全到达目的地，所以运输商要求包装必须便于装卸、结实、安全，不至于在到达目的地前损坏。

分销商的要求。分销商不仅要求外包装便于装卸、结实、防盗，而且内包装的设计要合理、美观，能有效利用货架，容易拿放，同时能吸引顾客。

政府的要求。随着人们绿色环保意识的加强，政府要求企业包装材料的选择要符合政府的环保标准，要节约资源，减少污染，不使用有害包装材料，实施绿色包装战略。同时，政府还要求包装的标签符合政府的有关法律和规定。

（2）包装策略

类似包装策略。指企业生产的各种产品，在包装上采用相同的图案、相近的颜色，体现出共同的特点，也叫产品线包装。它可以节约设计和印刷成本，树立企业形象，提高企业声誉，有助于新产品推销。但若某一产品质量下降会影响到类似包装的其他产品的销路。

等级包装策略。一是不同质量等级的产品分别使用不同包装，二是同一商品采用不同等级包装，以适应不同购买力水平和不同购买心理的顾客。

异类包装策略。指企业各种产品都有自己独特的包装，设计上采用不同风格、不同色调、不同材料。这种策略使企业不会因某一种商品营销失败而影响其他商品的市场声誉。但这种策略增加了产品包装设计费用，新产品进入市场时需更多的销售推广费用。

配套包装策略。指企业将几种相关的商品组合配套包装在同一包装物内，便于消费者购买、携带与使用，这种策略有利于带动多种产品销售及新产品进入市场。

再使用包装策略。指包装物内商品用完之后，包装物本身还有其他用途。它通过给消费者带来额外的利益而促进产品销售。此外，包装物再使用可起到延伸宣传的作用，但这种刺激只能收到短期效果。

附赠品包装策略。指在包装物内附有赠品以诱使消费者重复购买。

更新包装策略。指企业的产品包装随市场需求的变化而改变的策略。这种策略可以改变商品在消费者心目中的地位，进而起到迅速恢复企业声誉之效。

5. 新创企业的客户管理

客户是创业企业生存与发展的根本，客户管理不仅是创业企业获得稳定销售收入的保障，也是创业企业提高竞争力的有效手段。

（1）客户的分类及客户资料的收集

要对客户进行管理，我们首先应搞清楚客户到底有哪些，他们又是如何分类的。客户可以按不同的方法进行分类，常用的主要分类方法有以下几种：

按客户的性质分，可以划分为政府机构（以国家采购为主）、特殊公司（与本公司有特殊业务的公司）、普通公司、个体顾客和商业伙伴等。

按交易过程分，可以分为曾经有过交易业务的客户、正在进行交易的客户和即将进行交易的客户。

按时间序列分，可分为老客户、新客户和未来客户。

按交易数量和市场地位分，可分为主力客户（交易时间长、交易量大的客户）、一般客户和零售客户。

客户资料的内容应尽量完整，主要应包括以下几项内容：

基础资料：即客户最基本的原始资料，主要包括客户的名称、地址、电话、所有者、经营管理者、法人代表，以及其个人的性格、兴趣、爱好、家庭、学历、年龄、能力、创业时间、与本公司交易时间、企业组织形式、业绩、资产等。

客户特征：主要包括服务区域、销售能力、发展潜力、经营观念、经营方向、经营政策、企业规模、经营特点等。

业务状况：主要包括销售实绩、经营管理者和业务人员的素质、与其他竞争者的关系、与本公司的业务关系及合作态度等。

交易现状：主要包括客户的销售活动现状、存在的问题、具备的优势等，以及客户企业形象、声誉、信用状况、交易条件和出现的信用问题等。

（2）客户档案的建立

经过对准客户资格的鉴定，剔除各种不合格的顾客后，就可以确定一张准客户名单，以备产品销售时使用。将鉴定后的各类准客户名单积累整理并装订成册，建立客户档案，就可以做成各类分析表格，以便销售人员进行客户分析时使用。对这些客户进行详尽分析，可获得许多有价值的信息。

（3）创业企业开展客户管理的原则

在客户管理的过程中，需要注意以下原则：

第一，动态管理。客户关系建立后，若对其置之不顾，就会失去它的意义。因为客户的情况是在不断地发生变化的，所以客户的资料也要不断地加以调整和更新，剔除过时的或已经变化了的资料，及时补充新的资料。对客户的变化要进行持续地跟踪，使客户管理保持动态性。

第二，突出重点。我们要通过这些客户资料从不同类型的客户中找出重点客户。重点客户不仅要包括现有客户，而且还应包括未来客户或潜在客户，这样可为企业选择新客户、开拓新市场提供资料，为企业进一步发展创造良机。

第三，灵活运用。客户资料收集管理的目的是在销售过程中加以运用。所以，在建立客户资料卡或客户管理卡后，不能束之高阁，应以灵活的方式及时全面地提供给推销人员及其他有关人员，使他们能进行更详细的客户分析，提高客户管理的效率。

第四，专人负责。由于许多客户资料是不宜流出企业的，只能供内部使用。所以，客户管理应确定具体的规定和办法，并由专人负责管理，严格管理客户情报资料的利用和借阅。

（七）企业的发展战略

从战略的角度出发，生存下来的企业，包括新进入这个行业并且获得市场份额的企业，都秉持着"对市场进行重新定位和进一步细分"的战略方针。他们不是去寻找适于生存的环境，而是开发了一项独有的技术，例如在商品配送方面的技术（如戴尔的直销和亚马逊的因特网销售）。由此可见，企业顺利度过创业期并生存下来后，其战略选择就显得尤为重要。

1. 制定发展战略的必要性

西方企业为了生存与发展，在 20 世纪 60 年代引进了战略管理概念。可以说，战略管理不是对某种职能的具体管理，而是对企业生产经营活动实行的总体性管理。对企业而言，制定自己的发展战略是最根本的一件大事。一个企业，如果没有发展战略，就不能准确地预见企业将来可能遇到的有利或不利的情况，更谈不上及时、准确地做出决策，企业的发展目标也就无从实现。

美国著名的管理学家德鲁克教授曾经说过：没有发展战略的企业家就像流浪汉一样无家可归。而中国企业高层管理人员对发展战略的体会则更深刻，前联想集团董事局主席柳传志认为，随着市场的日益规范，企业面临着越来越大的竞争，制定合适的企业发展战略变得越来越重要，新企业要学习行业巨头们的战略管理经验。

据统计，许多大企业每年都会拿出 40%～48% 的时间制定发展战略，中小企业也会制定自己的发展战略。例如，日本的佳能公司，最初只是一家弱小的公司，美、日等国的一些大企业根本没把它放在眼里，但佳能公司正是由于在那时已经有击败美国施乐公司的发展战略，所以日后才逐步发展成为世界知名的大企业。佳能公司先是掌握了施乐公司的技术，并依托该技术生产产品，随后在此基础上不断研发创新，形成了自己的技术，进入了日本和欧洲市场，成为施乐公司强有力的竞争对手。美国某研究机构对 1 000 多家企业调查结果表明：有明确发展战略的企业比没有明确发展战略的企业平均利润率高 50%。因此，合理的战略管理对企业的成长非常重要。

2. 市场竞争环境下的企业发展战略

新企业在激烈的市场竞争中要注重改善经营模式，细分目标市场，确定优势产业及发展战略，从而为企业的发展寻求生存空间。本书认为以下五种中小企业发展战略值得探讨和选择。

（1）重点集中战略

每个企业只能在一个领域、一定的行业形成优势，不可能在多个方向都有竞争力。中小企业实力较弱，往往无法经营多种产品来分散风险，难以形成规模性生产和销售，难以具备较强的研究开发能力，质量、技术、信誉及市场营销能力通常都不如大型企业。所以，明智的中小企业就要善于"并兵相敌"，坚持"有所不为而后有为"的原则，运用市场聚焦策略，扬长避短，把有限的资源、资金、力量集中到能够形成自身优势的领域和目标上来，并在形成竞争优势后乘胜而行，使企业在该目标区域内形成核心竞争力。

例如，温州、宁波等地区的一些中小企业，它们的经营思维是：小船不到大海中与大船相争捕小鱼，而要到小河中捕大鱼。企业要根据自己的技术特点、自己的产品特点及自己所服务的市场情况，客观地评价自己的优劣条件，精准地确定自己的位置，制定适合自己的竞争战略。

（2）生存互补战略

这是基于中小企业力量单薄、产品单一的特点而制定的一种经营战略。大企业为获取规模经济效益，必然要摆脱"大而全"生产体制的束缚，借助社会力量分工与协作。这在客观上增加了大企业对中小企业的依赖性，为中小企业的生存和发展提供了可靠的基础。中小企业在决定自己的生产方向时，并非只能着力于开发新产品，还可以接受一个或几个大企业的长期固定订单，与大企业建立紧密的分工协作关系。

如日本的松下电器公司，与它协作的中小企业约有 1 200 多家，其所需的零部件 70%～80% 都是由中小企业提供的。又如温州虹桥镇的中小企业之所以能迅速发展，是因为它们首先以 32 家上等级、上规模的全国股份制大企业为"龙头"，采取"委托加工＋协议加工参股合资"的方法，和大企业建立了稳定的加工配套服务关系，拉动了虹桥镇 350 家小企业联动发展，使虹桥镇成为浙江省耀眼的明珠。由此可见，中小企业的发展很大程度上取决于大、中小企业之间所建立的相互依赖、共同发展的关系。

（3）技术创新战略

技术已经成为当今经济中最主要的生产要素之一。技术创新可以拓展企业的市场，提高产品质量和降低产品成本，使企业具有强大的竞争力和生命力。国内中小企业多数起步于劳动密集型产业，产品技术含量普遍偏低。因此，中小企业要想发展壮大，就必须进行技术创新，可以说，技术创新是中小企业腾飞的重要推动力。

例如，正泰集团就充分认识到这一点，积极地进行技术创新，其技术创新主要体现在为创新提供了一个良好的环境并构建了一个有效的激励机制，从而迅速将科研成果转化为现实生产力。所以，中小企业应该加大投资力度开发新产品，加快产品更新换代。比如，英特尔公司就是技术创新的典范，其芯片制造厂是世界半导体行业中最先进的工厂，掌控着世界微处理器市场 75% 的份额。英特尔公司之所以能充满活力，在于它始终保持芯片设计技术的领先地位，不断创新，拥有着自己独特的技术、独特的产品和独特的营销手段。英特尔公司依靠其强大的技术创新能力，以最有力的竞争方式技压群芳，独树一帜。海尔企业也是通过技术创新战略的成功实施，不断取得进步和发展，它宣称："宁做第一，不做第二""干什么就创造第一，第一就给企业创造了无形资产"。

（4）"空白点"战略

企业没有了市场，就等于人没有了生命。但竞争的全球化和消费者需求周期的短期性使得新市场会不断地出现，这意味着对企业而言，不会没有市场机会，真正存在的问题是：市场机会是什么？它在哪儿？如何找到它？这些就是企业制定战略的出发点和目标。此外，现有市场绝非密不透风，定会存在"空隙"。

索尼公司董事长盛田昭夫提出的"圆圈理论"指出，在无数的大圆圈（大企业占有的销售市场）与小圆圈（中小企业占有的销售市场）之间，必然存在一些"空隙"，仍有一部分尚未被占领的"空隙"市场，由于这部分市场的产品服务面比较窄，市场容量有限，大企业因其不能形成规模而不愿插足，为中小企业提供了扩大市场占有率和收益率的机会。中小企业只要看准机会，迅速挤占这些"空隙"，将这些"空隙"组成联合销售网络，甚至有机会超越那些大圆圈市场的企业。中小企业机动灵活、适应性较强的优势，能够保证它们找到并"钻入"市场上的各种"空隙"，从而形成独特的竞争优势。如中国山西南风集团的奇强洗衣粉采取的战略便是首先选择上海奥妙、美国宝洁和英国联合利华等大企业忽视的市场，最终发展成为行业的领军者。

（5）差异化战略

差异化战略是将企业提供的产品或服务标新立异，在产业内形成具有特性的产品。实现差异化的方式可以是设计独特的品牌形象、打造独特的技术特点、提供优质的客户服务、构建独有的经销网络等。坚持差异化的原则，可以借助客户对品牌的忠诚，降低其价格敏感性，使中小企业避免与大企业发生正面交锋，实现利润增长。我国中小企业同质化生产的现象十分严重，企业缺乏个性，使得中小企业群体内部行业布局混乱、产品结构严重失控，产品重合度极高，进而导致目前市场部分产品供过于求。这才是经营者众口一词的市场疲软、生意难做的真正原因。

（八）新产品开发定位

1. 新产品定义及其主要类型

新产品是指在结构、功能或形态上发生变化，并推向了市场的产品。它包括以下四类产品。

（1）全新产品

全新产品是指应用新的技术、新的材料研制出的具有全新功能的产品，这种产品对于企业和市场来讲都属于新产品。全新产品也可以说是一种发明，如在使用蜡烛照明的年代，电灯泡就属于一种全新产品，再后来的荧光灯也属于一种全新产品。

（2）换代产品

换代产品是指在原有产品的基础上，采用或部分采用新技术、新材料、新工艺研制出来的新产品，如洗衣机从单缸洗衣机发展到双缸洗衣机和全自动洗衣机；电视机由黑白电视机发展到彩色电视机、纯屏彩色电视机；电脑市场中 CPU 主频不断地更新提速。

（3）改进产品

改进产品指对老产品的性能、结构、功能加以改进，使其与老产品有较明显的差别。例如，时下流行的通信设备——手机，其生产厂家不断地更改储存量、外形等功能，且改进的速度越来越快。

（4）仿制产品

仿制产品是指对国际或国内市场上已经出现的产品引进或模仿，从而研制生产出的产品。这是一些小型企业采取的经营策略，这样不仅可以节约前期研究和开发新产品的大笔费用，节省产品促销费用，还可以借助被仿制产品的市场认可度来抢占部分市场份额，或利用价格优势来挤占被仿制产品的市场。如部分汽车厂商通过引进汽车生产线的方式制造、销售各种类型的汽车。

2. 新产品定位的重要性

对于新企业来讲，由于其产品或者技术对于市场来讲是全新的，它们面临的目标市场很不确定，消费者对其产品的认知较少，市场认可程度也较低。新企业的目标群体存在不确定性，因此新企业很难获得消费者的需求偏好及其对于企业产品的反馈信息，从而无法通过营销创新来提高产品的市场认可度。因此，新产品的定位是非常重要的。

新产品定位旨在明确企业的产品在潜在顾客或消费者心目中的形象和地位，即企业针对选择怎样的产品特征及产品组合以满足特定市场需求的决策，这是新产品设计首先应明确的问题，它是企业生产经营活动的基础。

新产品定位是针对产品开展的，其核心是为产品服务。因此，新产品定位要针对当前的和潜在的顾客需求，开展适当的市场调查活动，以使产品在顾客心目中得到一个独特的、有价值的位置。在潜在顾客心目中，每一类产品都存在某种无形的阶梯，在阶梯顶端的便是他们心目中的市场主导品牌。新产品定位，就是为企业的产品在这个阶梯上找到一个合适的位置。

3. 新产品开发策略分析

企业开发什么样的产品，这是一个重大的策略选择。按产品开发的新颖程度进行分类，有以下四种策略可供选择。

（1）全新型新产品开发策略

全新型新产品是新颖程度最高的一类新产品，它是运用科学技术的新发明生产出来的，具有新原理、新技术、新材质等特征的产品。选择和实施此策略，需要企业投入大量的资金，拥有雄厚的技术基础，具备较强的开发实力。同时，该策略花费时间长，故企业承担的市场风险比较大。

（2）换代型新产品开发策略

换代型新产品使原有产品发生了质的变化。选择和实施换代型新产品开发策略，只需投入较少的资金，花费较短的时间就能改造原有产品，使之具有新的功能，成为换代新产品，满足顾客新的需要。

（3）改进型新产品开发策略

改进型新产品与原产品相比，只发生了少量的变化，即渐进的变化，但同样能满足顾客新的需求。这是代价最小、收获最快的一种新产品开发策略，但这类产品容易被竞争者模仿。

（4）仿制型新产品开发策略

开发这种产品不需要太多的资金和尖端的技术，比研制全新产品要容易得多，但企业应注意对原产品的某些缺陷和不足加以改造，并结合市场的需要进行改进，而不应全盘照抄。

以上四种产品开发策略中，第一类开发策略一般企业实施难度较大；第二、三、四类开发策略，更利于多数企业选择和实施，且能在较短时间内取得成功。

4. 新产品定位策略分析

新产品定位过程是对目标市场进行细分并做出子市场选择的过程。传统的定位方法是通过建立产品差异性空间来确定新产品开发方向，这种建立在分析现有市场和产品基础之上的方法客观而严谨，但如今市场上的产品种类繁多，要详尽地列举每个竞争对手的情况，在实际操作中比较困难。所以，如今的新产品定位则更多地依赖对信息的掌控及基于此做出的相关预测，一般来说，新产品定位应该包括以下 7 项基本内容。

（1）新产品消费群体定位

产品消费群体可以按照消费者年龄、文化层次和职业状况等细分方式进行定位。要明确产品面向的消费人群是高档的白领还是大众化的蓝领或灰领，是儿童、成人还是老年人，是工薪阶层还是农民工群体。同时，还要考量产品是销往大城市还是中小城镇或边远农村，是国内市场还是国际市场，是发达国家和地区还是发展中国家和地区等。具有中高级消费行为和消费能力的商务人士，其收入高、品位高，因此针对其的产品应有高或中高的价位，高档的质地、精细的做工、高档的销售场所，整体风格要体现成功、成熟和高贵的特质；针对IT等新兴年轻行业的高级商务人士，产品要庄重、正规；针对体力劳动者或农民工，产品所选材料成本要相对廉价，产品要经久耐用，而款式方面可相对弱化；针对都市女性，产品定位要体现时尚化、个性化、款式新颖的特点；针对老年人群体，产品定位则应侧重强调舒适等特性。

（2）新产品档次定位

不同的消费群体对产品有着不同的档次要求，产品应选择不同的材质和包装，形成不同的档次。企业应从目标消费者消费心理需求层面分析，抓住消费者的心，就能在市场占据独特地位。

（3）新产品结构定位

新产品结构定位旨在明确产品结构的决策方向。同样一类产品，其产品构成上也可能有较大的区别。

（4）新产品功能定位

新产品功能定位旨在明确所设计的产品应该具有哪些基本功能。功能定位不能仅定位于一个笼统的需要满足，而应定位于更为具体化的需要，顾客对消费利益有着不同的侧重，从而形成了不同的利益群体。产品功能定位就是要寻求各自特殊的利益组合，以满足各类顾客所选择利益的需要，从而赢得更大的市场份额。

（5）新产品线长度定位

新产品线长度定位，即产品线应该如何安排组织，要明确所有半成品及辅件加工成型是由自己组织生产，还是通过外协加工或外购，以达到预期的目的和效果。

（6）产品外形及包装定位

产品外形及包装定位，即要明确产品外形及包装的花色品种、型号规格构成定位，尤其是针对儿童、女性的产品，不同档次产品，其包装方式及包装材料定位应有所不同。

（7）新产品价格定位

新产品价格定位，即明确所设计的产品的价格定位是属于高档、中档还是低档。产品价格受以上定位因素的综合影响，其中人群定位因素是关键，不同的价格定位就选择不同质地的材料和半成品，不同质地的产品适合不同的消费人群。除此之外，价格定位还应考虑所销售地域的经济发展状况和新产品款式在当前市场上的新奇程度。

第九章　创业风险预防指导

虽然现在国家或地方政府都在大力提倡、鼓励大学生创新创业，也出台了很多优惠政策和办法，但是我们还是应该清醒地意识到：创业是一种风险较高的事情，要正确认识创业风险，学会风险防范及控制。

一、创业风险的概念

创业风险涉及企业在成立及运营期间可能遭遇的多种不确定因素和潜在损失。这些风险种类多样，贯穿企业从创立到成长的整个过程。创业风险主要源于创业机会与企业的复杂性及不确定性相互作用、创业团队能力的限制、创业资源的有限性及外部环境的多变性等因素。因此，对于大学生而言，应谨慎辨识创业过程中的潜在风险，做好心理准备和风险预防措施，增强抵御风险的能力，从而提高创业成功的可能性。

二、创业风险的识别、评估和应对策略

（一）风险识别

创业风险可根据其影响因素被细分为市场风险、财务风险、技术风险、管理风险以及法律风险等多种类型。

（1）市场风险：市场风险涉及企业在经营活动中面临的市场需求波动、竞争加剧、价格波动等市场环境变化，这些因素可能导致企业经营业绩下滑或遭受损失。

（2）财务风险：财务风险主要指企业在资金筹集、使用、分配等财务

管理过程中可能遇到的问题，这些问题可能导致企业财务状况恶化或产生损失。

（3）技术风险：技术风险源于企业在技术研发、应用过程中可能遇到的技术不成熟、技术更新换代、技术保密等问题，这些问题可能导致企业技术优势丧失或产生损失。

（4）管理风险：管理风险是指企业在管理过程中可能遇到的管理不善、决策失误、执行力不足等问题，这些问题可能导致企业运营效率低下或产生损失。

（5）法律风险：法律风险涉及企业在经营过程中可能面临的违反法律法规、合同纠纷、知识产权侵权等问题，这些问题可能导致企业面临法律诉讼或产生损失。

（二）风险评估

（1）定性评估：定性评估是指通过专家经验和主观判断，对风险的可能性和影响程度进行评估，从而确定风险等级的过程。

（2）定量评估：定量评估是指通过数学模型和统计方法，对风险的可能性和影响程度进行量化评估，从而确定风险等级的过程。

（3）风险评估模型：风险评估模型是指通过建立数学模型和统计方法，对风险的可能性和影响程度进行综合评估，从而确定风险等级的过程。

（三）风险应对策略

（1）风险规避策略：风险规避策略是指通过改变经营策略、调整业务范围、避免高风险项目等方式，主动避免或减少风险发生的策略。

（2）风险转移策略：风险转移策略是指通过购买保险、签订合同、外包等方式，将风险转移给第三方，从而降低自身风险的策略。

（3）风险缓解策略：风险缓解策略是指通过加强内部控制、提高技术水平、优化管理流程等方式，降低风险发生的可能性和影响程度的策略。

（4）风险接受策略：风险接受策略是指在风险无法避免或转移的情况下，通过建立应急预案、储备应急资金等方式，接受并应对风险的策略。

三、大学生预防创业风险的管理措施

（一）大学生应具备正确的风险防范意识

在当今这个充满机遇与挑战的时代，大学生创业已成为一股不可忽视的力量。然而，创业之路并非坦途，它充满了未知与风险。因此，作为大学生创业者，必须清醒地认识各种可能的创业风险，并客观评估自己承受风险的能力，这是确保创业成功的重要前提。

1. 提高对创业风险的理解和认识

大学生创业者首先需要明确的是，创业风险无处不在。这些风险可能源自市场环境的变化、竞争对手的崛起、技术的更新、资金链的断裂、法律政策的调整等多方面。因此，大学生创业者必须对可能面临的困境和挫折有足够的提前认知。这种认知不能仅停留在对风险的表面了解，更要剖析风险背后深层次原因。只有这样，创业者才能在风险来临时，迅速做出反应，采取有效的应对措施。

2. 客观评估自身的风险承受能力

在认识到创业风险的同时，大学生创业者还需要客观评估自己承受风险的能力，这包括资金实力、技术储备、团队协作能力、市场敏感度等多方面。资金是创业的基础，没有足够的资金支持，创业项目很难持续下去。技术则是创业的核心竞争力，只有掌握先进的技术，才能在市场上立于不败之地。团队协作能力则决定了创业团队能否高效运转，共同面对挑战。市场敏感度则关系到创业项目能否及时抓住市场机遇，实现快速发展。

3. 健全创业认知结构

在创业初始阶段，大学毕业生需构建自我认知体系，并深化对市场的理解，加强管理知识和专业理论的学习，提升信息资料的收集、评估、判断与控制能力。除了对风险及个人承受能力要有认知外，大学生创业者亦须在实践中不断学习与积累专业知识。创业过程的复杂性涉及市场营销、财务管理、人力资源管理等多个领域。大学生创业者唯有通过实践，方能将理论知识转化为实际操作能力，才能为其创业项目提供坚实支撑。因此，大学生创业者应积极参与各类创业培训与交流活动，与行业专家及成功创业者建立联系，汲取他们的经验与智慧。

4. 深入开展市场调研

对于立志创业的个体而言，深入且全面的市场调研是提升创业风险识别能力的关键步骤。深入调研真实的商业环境，不仅能够锻炼个体的市场敏感性及应对突发事件的能力，还能在实践中掌握评估潜在商业风险的方法，并学会制定有效的风险缓解策略。这种经验的积累，能够协助创业者在面对复杂多变的市场环境时，保持冷静与理性，进而作出更为明智的决策。

5. 制定周密的风险应对策略

在充分认识风险和自身承受能力的基础上，大学生创业者需要制定一套完善的风险应对策略，力争将风险降到最低。这包括建立风险预警机制，及时发现和应对潜在风险；优化资源配置，确保创业项目在关键时刻有足够的资源支持；加强团队协作，共同应对挑战；保持市场敏感度，及时调整市场策略等。

总之，大学生创业者在创业过程中必须保持清醒的头脑和敏锐的洞察力，充分认识到创业风险的存在，并客观评估自己的风险承受能力。同时，他们还需要在实践中不断学习和积累专业知识，深入开展市场调研，增强对创业风险的辨识能力，制定完善的风险应对策略，力争将风险降到最低。只有这样，他们才能在创业的道路上走得更远、更稳。

（二）加强以人为核心的管理控制

管理控制的范畴较为广泛，涵盖了企业内部除会计控制之外的所有控制领域，包括但不限于企业发展战略的制定与执行、组织结构的设计与优化、人事管理的各个方面，以及安全和质量管理的实施。此外，部门间的关系协调、企业负责人及高层管理的决策和行为也是管理控制的重要组成部分。然而，在这些控制领域中，与人的行为紧密相关的组织结构的设计与优化和人事管理最为重要。这意味着，通过有效的组织结构设计和人事管理措施，可以更好地引导和激励员工，从而提高整个企业的运营效率和绩效。

1. 推进现代企业制度建设，完善法人治理结构

在现代企业制度下，通过建立健全法人治理结构，在股东会、董事会、监事会和经理层之间合理配置权限、公平分配利益，明确决策、执行和监督责任，在企业内部形成一种有效的激励、监督和制衡机制。这既是

内部管理控制的重要内容，也是企业内部控制制度建立的基础和有效运行的前提。因此，针对我国目前在建立现代企业制度过程中公司治理结构尚不十分健全，运行不规范，以及议事会"空壳""内部人"控制、权力过分集中等情况，企业需要做好以下几方面工作。

（1）强化董事会的功能

要改善我国企业董事会在内部控制体系中严重缺位的现状，首先要强化董事会在公司治理结构中的主导地位，突出董事会在建立和完善内部控制体系过程中的核心作用。在所有权与经营权相分离的情况下，董事会接受股东大会的委托行使对公司的控制权和决策权，如董事会有权选聘和激励主要经理人员、对全体股东负责和向股东报告公司的经营状况、确保公司的管理行为符合国家法规、进行战略决策等。

董事会对企业的控制权主要体现在董事会必须对整个公司实施监控，如制定资本预算体系、业绩考核体系、会计核算体系等一系列制度。扩大独立董事在董事会的比例，使其能在董事会中与内部董事抗衡甚至占据优势。美国独立董事制度之所以有效，其主要原因是独立董事在董事会中占优势地位。美国学者对 500 家公司进行了调查统计分析，结果显示，94%的被调查公司的独立董事比例在 60% 以上。要明确董事会内部分工，设立专门委员会，使其在内部审计、预算编制和控制、对外采购、薪酬激励机制的建立、投资和融资决策等一系列对内部控制至关重要的活动中发挥监控作用，从而提高企业会计信息的真实性、实现企业经营管理目标，并保护所有者资产的安全和完整。

（2）完善监事会制度

我国规定股份公司必须设立监事会。在引进外部董事制度后，仍然应当继续发挥监事会的监督职能，监事会应当以财务监督为核心，要确保监事会能独立、有效地对董事、经理履行职务和公司的财务进行监督和检查。为使其能够胜任财务监督等职责，监事应具有法律、财务、会计等方面的业知识或工作经验。企业在加强法治的同时，必须重视德治建设，这是市场经济发展的必然要求。企业德治必须有一个道德规范和原则，企业的内部控制应当建立在共同的伦理道德规范的基础上，形成真正意义上的团队精神。只有当企业中的每一个员工都目标明确、观念趋同，企业的内部控制才能更加有效。

企业内部控制的逻辑起点应当是"修己安人"，其中"修己"就是自我管理，而自我管理是未来企业内部控制的总纲。企业文化是一个企业在长期经营实践中所形成的一种文化氛围、企业价值观、企业精神、经营境界和广大员工所认同的道德规范和行为方式。良好的企业文化氛围能为内部控制程序的执行创造有利的人文环境。

2. 改进人力资源管理机制，提高企业人员素质

在创业的路上，团队建设至关重要。企业必须根据其发展战略，建立科学而合理的企业内部管理制度，明确各岗位职责，规范员工的工作流程，并通过激励措施鼓励员工为公司贡献力量。

人力资源政策对企业内部员工的表现和业绩有着深远的影响。一个科学合理的人力资源政策能够培养出高素质的企业人才，从而有效推动企业内部控制的实行。因此，企业应积极融入人才市场，引入竞争机制，合理配置人力资源，建立以能力和业绩为导向的用人机制，确保任人唯贤、优胜劣汰的原则能得到贯彻执行。

企业经营管理者的素质直接关系到企业的行为和决策，进而影响企业内部控制的效率和效果。因此，企业应加强对经营者的培训和教育，全面提升其在专业知识、技能、职业道德和经营理念等各方面的素质。通过定期组织培训、学习交流和实践锻炼，逐步培养出一支高素质的经营管理团队。同时，企业还应鼓励员工持续学习，营造一种学习型的企业文化，不断提高内部控制的效率，确保企业在激烈的市场竞争中保持竞争优势。

（三）确立以会计系统为核心的会计控制

根据新《中华人民共和国会计法》（以下简称《会计法》）和财政部《内部会计控制规范——基本规范（试行）》的规定，结合我国企业现状，本书认为，现代企业会计控制应重点抓好以下三个方面工作。

1. 实行全面的预算管理，做到企业收支心中有数

"凡事预则立，不预则废"，企业经营也不例外，必须实行有效的预算管理。预算管理是指企业为达到既定目标而编制的经营、资本、财务等年度收支计划，这是企业管理现代化的重要标志。预算是控制的基础，只有在预算体系正确且完整的基础上，才能完善企业的内部控制。

（1）预算的内容

凡是与企业经营活动有关的内容，如采购、销售、成本费用、固定资产投资、人员流动、现金流量等都应纳入预算管理范畴，但预算管理应以

营业收入、成本费用、现金流量作为预算重点，以利润目标为预算起点，实行有效监控。营业收入是企业生存和发展的基础，营业收入预算是否得当，关系到整个预算的合理性和可行性。成本费用预算是支出预算的重点，既要考虑经营性支出，更要对资本性支出项目实行"量入为业"的预算管理，杜绝没有资金来源或负债风险过大的资本预算。现金流量则是企业在预算期内进行正常经营管理活动的保证，没有合理的现金流量预算，整体的预算管理就是无米之炊。

（2）预算的编制和执行

全面预算是一项集体性工作，需要企业的各部门和员工的积极参与，但无论采用自上而下还是自下而上的预算编制方法，决策权都应该落实在内部管理的最高层，如成立由董事长、经理层及各部门主管组成的预算管理委员会，并由其进行决策、指挥和协调整个预算工作。预算调整或追加应逐项申报、审批，各部门不得擅自调整预算。预算的执行由各预算单位组织实施，并明确相应的责任、权利与义务关系。

（3）预算的监控与考核

预算管理的核心是监控，监控可以确保预算目标的实现。内部审计部门将经营活动同企业的预算目标相联系，随时根据预算目标对预算执行情况进行监督，并向管理层报告。预算期终了时，将其作为预算执行情况及预算执行者执行核算效益的考核依据；预算的实际执行情况必须与核算效益相符，并将其作为考核预算效益实绩的标准。

2. 完善会计系统控制制度，确保会计信息真实、完整

会计系统是企业为了汇总、分析、分类、记录、报告企业交易，并保持对相关资产与负债的受托责任而建立的。会计系统作为一个控制信息系统，对内向管理层提供了经营管理的诸多信息，对外向投资者、债权人等提供用于投资等决策的信息，是有效实施会计控制的核心。企业要依据《会计法》和国家统一的会计制度，结合自身实际，制定适合本企业的会计系统控制制度，明确会计凭证、会计账簿和财务会计报告的处理程序，建立和完善会计档案保管和会计工作交接办法，实行会计人员岗位责任制，充分发挥会计的监督职能。

会计系统控制制度的内容主要包括：货币资金控制、实物资产控制、对外投资控制、工程项目控制、采购与付款控制、销售与收款控制、成本费用控制、资金筹措控制、担保业务控制等。这些控制制度又可根据其所

涵盖的内容，细分为若干具体控制制度，从而构成一个完整的内部会计系统控制制度体系，其中，货币资金控制制度涵盖了现金、银行存款、其他货币资金等内容，并涉及货币资金的收支保管、授权审批及不相容岗位的相互分离、制约等环节。各项控制制度之间要相互衔接，口径一致，避免出现相互矛盾的现象。无论哪一项控制，在会计系统中要确认并记录企业所有真实的交易；及时且充分详细地描述交易，并在会计报表上对交易做适当的分类；正确计量交易的价值，并在会计报表上准确地记录其货币价值；确定交易发生的时回；在会计报表上公允披露交易及相关事项。

3. 建立和完善内部审计制度，促使企业的经营管理正常运行

内部审计是企业对其内部各项经济活动和管理制度是否合理、合规、有效所进行的监督和评价，它可以说是其他内部控制的再控制。内部审计有助于企业发现并处理经营管理中存在的问题，对促进企业依法经营、提高会计信息质量有着十分重要的作用。

企业应建立健全内部审计机制，建立由董事会或审计委员会直接领导的内部审计体制，确保内部审计不受管理层制约，能独立客观地开展工作。要明确内部审计的宗旨、职能和地位权限，以及内部审计范围、程序、方法等。内部审计机制要有畅通的报告渠道，能直接向内部管理层之外的阶层报告。内部审计与外部审计、上一级审计与下一级审计相结合多层次开展内部审计工作。由于客观地位的局限性，内部审计无法对本企业领导者和同级管理层进行审计，为弥补这一控制的薄弱环节，应以会同外部审计或上级内部审计部门对下级管理层进行审计，对各级管理层进行有效的监督和控制，充分发挥内部审计的作用。

企业要加强对内部控制系统的监督与评价。通过一般性的财务收支审计，发现内部管理方面的漏洞，提出改进措施，防止或减少风险事件的发生，提高企业效益。

同时，要抓好经济责任和效益的审计。市场经济条件下，企业领导的素质和管理行为将直接决定企业的兴衰，搞好企业领导任期经济责任审计是投资者和管理者对经营者监管的共同要求，必须将领导任期经济责任审计制度化。同时，要加大对企业效益的审计力度，审查其核算是否合规准确，有无报盈亏的情况，保证会计信息的真实可靠，变企业短期行为为长期行为。

（四）建立健全企业风险防范机制

1. 内部控制与风险管理的关系

内部控制与风险管理是企业运营中不可或缺的两个方面。内部控制主要关注企业内部流程的规范性和效率性，而风险管理则更侧重于识别、评估和应对企业面临的各种风险。两者相辅相成，内部控制的有效实施有助于降低企业风险，而良好的风险管理又能促进内部控制的完善。

2. 强化风险管理策略的重要性

强化风险管理策略对企业长期稳定的发展至关重要。企业应根据自身特点和外部环境，制定出科学合理的风险管理策略，以应对市场变化、技术革新、法律法规调整等带来的各种风险。通过有效的风险管理，企业能够更好地把握机遇，规避潜在威胁，从而实现可持续发展。

3. 风险管理策略的制定与执行

制定风险管理策略时，企业需要进行全面的风险评估，识别内外部风险因素，并根据风险的性质和影响程度，制定相应的应对措施。在执行过程中，企业应建立风险预警机制，定期对风险进行监测和评估，确保风险管理策略得到有效执行。

4. 明确风险控制的目标责任

为确保风险管理策略的顺利实施，企业需要明确各级部门和员工的风险控制目标责任。通过建立责任体系，将风险管理责任落实到具体岗位和个人，确保每个环节的风险得到有效控制。

5. 细化风险控制工作至基层部门

风险管理不仅仅是高层管理者的职责，基层部门同样承担着重要的风险控制任务。企业应将风险控制工作细化至各基层部门，使每个部门都能在日常工作中关注风险、识别风险并采取相应措施。通过全员参与的风险管理，企业能够更好地应对各种风险挑战。

6. 加强风险教育和培训

企业应定期对员工进行风险教育和培训，提高员工的风险意识和应对能力。通过讲座、研讨会、模拟演练等形式，让员工了解企业可能面临的风险类型、风险产生的原因以及应对策略。同时，企业还应鼓励员工积极提出风险管理的建议和意见，形成全员参与的风险管理文化。通过不断的学习和实践，员工能够更好地识别和处理风险，从而降低企业整体的风险水平。

7. 建立风险信息共享机制

为了提高风险管理的效率和效果，企业应建立风险信息共享机制，确保各部门之间能够及时、准确地传递风险信息。通过建立内部信息平台或定期举行风险管理会议，企业可以实现风险信息的快速共享和交流，从而更好地协调各部门的风险应对措施。此外，企业还可以与外部机构建立合作关系，共享行业风险信息，以便更好地预测和应对市场变化带来的风险。

8. 完善风险应急处理机制

企业在制定风险管理策略时，还应建立完善的风险应急处理机制，以应对突发事件带来的风险。企业应制定详细的应急预案，明确在不同风险情况下的应对措施和责任分工。同时，企业还应定期进行应急演练，检验应急预案的可行性和有效性，确保在真正的风险事件发生时能够迅速、有序地进行应对。通过完善的应急处理机制，企业能够最大限度地减少风险事件对企业运营的影响。

在创业的道路上，风险与机遇总是相伴而生，大学生在这一过程中必须深刻认识到风险预防的重要性。首先，大学生需要树立起正确的风险意识，这意味着大学生要对潜在的风险有充分的认识和准备，而不是盲目乐观或过度悲观。其次，加强以人为核心的管理控制是至关重要的。这包括招聘合适的人才、培养团队的凝聚力和执行力，以及建立有效的激励和约束机制，确保团队成员能够共同应对风险。再次，系统确立以会计为核心的会计系统控制制度。通过建立健全的财务管理体系，确保资金的合理流动和使用，及时发现和纠正财务问题，从而降低财务风险。最后，建立健全企业风险防范机制是保障企业稳健发展的关键。这包括制订详细的风险管理计划，定期进行风险评估和监控，以及制定应对突发事件的预案。通过这些措施，大学生创业者可以在面对风险时更加从容不迫，有助于其抓住机遇，实现企业的可持续发展。

参考文献

［1］丛海彬，黄萍，邹德玲，等. 基于创业与就业视角长三角县域农村电商对农民增收的影响［J］. 经济地理，2024，44（12）：53-61.

［2］胡德期，耿学昌，李世军，等. 新形势下广西支持农民工就业的财政政策研究［J］. 财政科学，2024（12）：145-154.

［3］王奇，晋晓姝. 农村电商特色产业创业与稳就业［J］. 产业经济评论，2025（1）：108-123.

［4］赵杰艺. 透视大学生就业创业图景［J］. 中国出版，2024（24）：67.

［5］席东杰. 农村籍大学生就业选择与共同富裕：基于 2020 年中国大学生追踪调查的发现［J］. 青年发展论坛，2024，34（6）：23-35.

［6］庄强. 大学生返乡就业创业实现路径研究［J］. 中国农业资源与区划，2023，44（12）：211，230.

［7］黄红霞. 互联网时代大学生就业创业教育的路径探析：评《大学生职业生涯规划与就业创业教育》［J］. 科技管理研究，2023，43（23）：287.

［8］赵忠. 疫情下青年就业的问题分析与路径探究：评《青年就业问题应对之道——基于公共卫生危机视角》［J］. 人口与经济，2023（6）：156-158.

［9］陶正付；程少荣. 大学生就业创业教育教程［M］. 新华出版社：202311. 186.

［10］项伟，胡卫珍. 创新创业教育在大学生就业中的应用研究：评《大学生就业的理论、实证与政策研究》［J］. 教育发展研究，2023，43（20）：85.

大学生创新创业素养调查研究与实践指导

[11] 齐小琳，赵倩，孙静. 基于"互联网+"视角下的大学生就业创业问题研究 [M]. 文化发展出版社：202310. 174.

[12] 王漪鸥. 新型职业农民返乡就业创业问题研究 [J]. 中国农业资源与区划，2023，44（9）：80，89.

[13] 赖德胜. 促进青年高质量就业的对策与路径：《青年就业问题应对之道：基于公共卫生危机视角》书评 [J]. 财贸经济，2023，44（9）：177.

[14] 王漪鸥. 大学生返乡就业创业意愿、影响及对策研究 [J]. 中国果树，2023（9）：156.

[15] 李佳璐. 互联网+背景下大学生创新创业教育探索与实践研究 [M]. 文化发展出版社：2023（8）. 175.

[16] 车绪武，祝和意. 大学生就业与创业指导教程 [M]. 西安：西北大学出版社：2023.

[17] 孙慧，袁珊. 个体化视角下高校大学生的就业心态及职业选择 [J]. 青年探索，2023（4）：45-54.

[18] 李颖，王小琴，谢海峰. 乡村振兴视域下大学生农村创业就业策略研究 [J]. 教育理论与实践，2023，43（21）：3-6.

[19] 王轶. 西部农民工返乡创业的就业效应 [J]. 中南民族大学学报（人文社会科学版），2023，43（6）：111-120，185.

[20] 王阳，王伶鑫，赵一凡. 中长期促进高校毕业生就业的思路与对策 [J]. 宏观经济研究，2023（6）：113-127.

[21] 吴广昊. 创业失败者能否在就业市场中如愿以偿？对就业质量的考察 [J]. 中国人力资源开发，2023，40（6）：105-120.

[22] 孙蕊，王阳. 促进高校毕业生就业对策研究观点述评 [J]. 中国劳动关系学院学报，2023，37（3）：63-74.

[23] 王轶，刘蕾. 数字化经营何以实现返乡创业企业的扩就业效应 [J]. 甘肃社会科学，2023（3）：203-214.

[24] 薛雷. 大学生创业就业与创新意识的培养：评《职业生涯规划与就业创业指导》[J]. 科技管理研究，2023，43（3）：261.

[25] 蔡中华. 创新教育与创业基础 [M]. 北京：人民邮电出版社：2023.

[26] 彭仁芝，颜婷婷，李京丽. 数字经济背景下推动大学生参与农

172

村就业创业的困境与应对 [J]. 农业经济，2022（12）：112-114.

［27］陈永；石锦澎. 大学生就业与创新创业教程 [M]. 北京：人民邮电出版社：2022.

［28］王思惠. 高校大学生创业就业能力素质建设路径探究：评《高校大学生创业就业能力素质建设》[J]. 中国教育学刊，2022（10）：124.

［29］李健睿. 新时代大学生创新、创业与就业的关系探究：评《创业型经济与就业问题研究》一书 [J]. 经济问题，2022（9）：2.

［30］历建萍. 创新创业视角下大学生就业竞争力提升研究：评《人力资源管理视角下的大学生就业竞争力研究》[J]. 科技管理研究，2022，42（15）：253.

［31］白凌婷. 创新发展形势下的大学生创业就业教育：评《高校创业教育的组织模式与运行机制创新研究》[J]. 中国教育学刊，2022（5）：113.

［32］张瑞，陈坤. 论大学生劳动教育与创业教育的融合发展 [J]. 学校党建与思想教育，2022（6）：79-80.

［33］曹星，魏峰. 不充分就业感知对员工兼职创业投入的影响机制研究 [J]. 管理学报，2022，19（2）：205-212.

［34］韩芳. 创新创业教育在大学生就业中的价值及意义：评《大学生就业指导与创新创业教育》[J]. 中国教育学刊，2021（6）：117.